Am stillen Fluss

Begegnungen entlang der Saar

Fotografien von Michel von Boch

Reportagen von Christian Malessa

Den Menschen an der Saar gewidmet

Selten sonst findet man Begegnungen, die das Stille und
Unaufdringliche so selbstverständlich zu verbinden wissen
mit der Herzlichkeit und der Offenheit;
das Zurückgezogene mit dem Entgegenkommen.
Wir waren gern zu Gast.

Erster Teil — Im Land der Weißen und der Roten Saar

Vom Donon zur Liebesinsel

Donon	Dem Wasser auf der Spur – Marie-Alix und die Quellen der Saar	9
Sarre blanche	Holz für die Städte Hollands – Im Tal der Weißen Saar	19
Turquestein-Blancrupt	In die Stille – Hugo und das einfache Leben	27
Sarre rouge	Tannen, Felsen, Schweigen – Im Tal der Roten Saar	35
Abreschviller	Auf Abenteuer – Victoria, Cyril und der Geschmack der weiten Welt	39
	Unter Dampf – Iryna, Alexandre und die Waldeisenbahn	45
	Alles à point – Alison, Léon und der Imbiss im alten Sägewerk	57
Hermelange	Das Rauschen ist mir anvertraut – Danielle und Alain auf der Liebesinsel	67

Zweiter Teil — Geheimes Land am Saarkanal

Von den großen Weihern ins Grenzland

Pays secret	Wege aus Wasser – Im Zwischenland	77
Mittersheim	Im alten Haus – Lydia und Tony treffen die Welt	81
	Refugium für Reisende – Francine und das ›Café du Port‹	85
	Die Kohle der Zukunft – Alfred baut einen Hafen	89
Harskirchen	Altes Handwerk, altes Land – Roger und die letzte Mühle an der Saar	93
Sarreguemines	Rivalen, Nachbarn, Gleichgesinnte – Im Grenzland	101

Dritter Teil Schiffe, Schrott und Schlote

Durchs Tal der Industrie

Rilchingen-Hanweiler	Pénichen für Napoleons Kanäle – Franz, Hans, Theodor und die letzte Werft an der Saar	113
Saarbrücken	Eine Schiffsladung Kultur – Barbara, Frank und die Odyssee der ›Maria-Helena‹	131
Dillingen	Altes Eisen, heiße Öfen – Patrick, Max und die ›Portofino‹	145
Merzig	Die Sammlerin der Augenblicke – Manuela und die ›Anna-Leonie‹	163
St. Gangolf	Der Anwalt des Waldes – Tobias und die Bäume an der Saar	167

Vierter Teil Im Saartal

Von der Saarschleife in die Weinhänge

Dreisbach	Tausend Male quer zum Strom – Matthias und die letzte Fähre auf der Saar	179
	Ein Echo für das Saartal – Charly mit dem Alphorn	183
Mettlach	Ein kleines bisschen Kreuzfahrt – Merle und Lukas auf der ›Maria Croon‹	191
	Rote Erde, weißes Gold – Brigitte, LG und der Traum von der Saar	199
Kanzem	Neuer Wein an alten Ufern – Anna und Stephan im steilen Hang	211
Neue Ufer	Es endet, wo alles beginnt – Die Reise der Saar	221

Erster Teil

**Im Land der Weißen
und der Roten Saar**

Vom Donon
zur Liebesinsel

Dem Wasser auf der Spur
Marie-Alix und die Quellen der Saar

Ein früher Morgen im späten Sommer. Nur allmählich weichen Wolken und Dunkelheit dem ersten Licht. Die Scheinwerfer der Fahrräder schneiden einen Kegel Straße aus dem Dunkel heraus. Es geht stetig bergan. Über den Tannen hüllen sich zwei stumpfe Gipfel in Wolkenbänder, hinter ihnen brennt die Nacht. An einem solchen Morgen, wenn die ersten Strahlen der Sonne sich mühen, den Nebel aufzulösen und die Silhouette des mächtigen Bergrückens in Feuer tauchen, wenn sein Doppelgipfel, tiefdunkelblau vor dem leuchtendem Orange, den Beginn eines neuen Tages verkündet, dann ist man geneigt, den Völkern aus archaischer Zeit zuzustimmen, die diesem Berg mystische Kräfte zusprachen und auf seinen Höhen Steinkreise und Tempel errichteten. Doch so spektakulär er auch am Morgen aus der Nacht tritt und so grollend sein Name über dieser Gegend liegt, der Donon erhebt sich eher gemächlich aus einem sanfthügeligen Land, ein breiter Bergkegel über dichtem Wald.

Wir nähern uns dem Berg auf der Suche nach dem Ursprung eines Flusses. Alle Karten und Bücher sind sich einig: Die Saar speist sich aus zwei Quellflüssen, *Sarre rouge* und *Sarre blanche*, der Roten und der Weißen Saar, die unweit voneinander am Nordwesthang des Donons entspringen, einem der höchsten Gipfel der nördlichen Vogesen.

Nur diese einsame, schmale Straße, kaum mehr als eine Schneise im dichten Wald, führt aus dem Tal den Berg hinauf. Sie folgt dem Hang, windet sich um Felsvorsprünge herum und in Einschnitte hinein, kreuzt hier und da einen Bachlauf. Gegen Mittag, nach zahllosen Kurven, schon fast auf der Passhöhe, weisen Tafeln am Rand den Weg in den Wald. Sie stammen aus einer Zeit, als in der Gegend neben Französisch auch Deutsch gesprochen wurde: ›Zur Quelle der Weissen Saar‹ steht in großer Schrift auf einem der Schilder, kleiner darüber das französische ›*Source de la Sarre Blanche*‹. Wir lassen die Räder im Straßengraben zurück. Ein Pfad windet sich durch Bäume und Gebüsch den Hang hinauf, einige Male bestätigt das Zeichen: Wir sind noch auf dem richtigen Weg. Die Wanderung dauert kaum eine Viertelstunde, dann verliert sich der Pfad auf einer kleinen Lichtung. Ein Baumstumpf ragt aus der Erde, daran wieder ein Schild: ›*Source de la Sarre Blanche*‹. Wir sind am Ziel.

Doch – unter dem Baumstumpf nur Laub, Farn, Wurzelgeflecht, feuchter Waldboden. Wasser mag hier zuletzt vor vielen Monaten, vielleicht vor Jahren geflossen sein. Die Quelle ist versiegt.

Wir kehren um. Unten ein letzter Blick auf den Wegweiser, dann ziehen wir die Räder aus dem Graben und folgen der schmalen Straße weiter bergan. In stetem Anstieg führen ihre Kurven und Kehren zur Passhöhe hinauf. Dicht unter dem Gipfel des Donons macht sie einen Buckel, dann windet sie sich wieder bergab. Die Räder surren, wieder geht es durch schier endlosen Wald, und irgendwo auf halber Höhe weicht dieser Wald ein Stück zurück, macht Platz für einen Holzstapel am Straßenrand, dann zweigt ein Weg ab. Wir biegen ein. Das Licht verliert sich schon hinter dem Berg. Auf dem hellen Schotter der Einfahrt breiten blaue Schmetterlinge ihre Flügel aus und fangen die letzte Sonne des Sommers ein.

Seit fast drei Jahrhunderten steht das Försterhaus hier, auf dieser versteckten Lichtung tief im Wald, weitab der großen Straßen, an einem der Hänge des Donons. Eine Frau wartet in der Haustür, zierlich, doch in der welterfahrenen Haltung der Grande Dame; ein auffallend urbaner Kontrast zu der ländlichen Umgebung, in der sie lebt. Als sie uns begrüßt, begleiten ihre Hände mit schwebenden Gesten ein schnelles, exaktes Französisch. Dem Druck dieser Hände jedoch ist anzumerken, dass sie jahrzehntelang ihre Kraft an der Arbeit in der Natur maßen.

Marie-Alix ist unsere Gastgeberin für heute Nacht. Ihr ganzes Leben hat sie hier verbracht, sie kennt den Wald, den Berg, die Launen der Natur und die der wenigen Menschen hier. Sie hat Champagner kaltgestellt. Er wird an diesem Abend die einzige Erinnerung bleiben an die Welt da draußen, außerhalb dieses dichten, dunklen Waldes irgendwo in den Vogesen. Die Hirschterrine hat Marie-Alix nach der letzten Jagd eingekocht, die Eier nimmt sie von den eigenen Hühnern, der Salat stammt aus dem Garten. Dazu gibt es ein Pilzragout mit Morcheln aus dem Wald. »Bertrand hat mir leider nicht mehr alle Stellen zeigen können, an denen man sie findet«, erzählt sie. Ihr Mann ist vor einiger Zeit verstorben. Nach einem langen Leben zu zweit bewirtschaftet sie nun Haus und Hof und Wald allein. Von klein auf hat sie die Jagd und die Holzwirtschaft erlernt, und später im Leben die untrennbar damit verbundene französische Jagd- und Forstpolitik.

»Wer vom Wald lebt, der lernt, zu warten. Warten über Generationen. Aber eines Tages ist es so weit: Es gibt nur einen richtigen Zeitpunkt, den alten Baum zu schlagen und den neuen zu pflanzen.« Einige Holzfäller und ein Förster arbeiten auf dem Grund. Der Wald erhält die Menschen, die Menschen erhalten den Wald. Über Generationen regierte er auch das Familienleben. Die Familien der Forstbesitzer heirateten so ineinander ein, dass möglichst große, zusammenhängende Flächen entstanden. Damals, in der Zeit vor den Holzernte-Maschinen, Traktoren und Lastwagen, genügte es auch nicht, den Wald zu pflegen und das Holz zu fällen. »Was machst du dann mit deinen schweren Stämmen, irgendwo dort oben am Berg?« Straßen gibt es in dieser Gegend erst seit sechzig, siebzig Jahren. »Wer früher Holz machte, der brauchte Zugang zur Saar. Einen Lagerplatz am Ufer. Und am besten noch ein kleines Sägewerk.«

Da ist sie wieder: Die Saar. Wir erzählen von der versiegten Quelle. Marie-Alix lacht. »Ach, die Quellen der Saar … da gibt es viele Legenden. Bis heute weiß eigentlich niemand, wo genau sie entspringt.« So ganz falsch lägen die Schilder wohl nicht, meint Marie-Alix. »Aber der Donon hat seinen eigenen Willen. Und Wasser ist Wasser. Das liest keine Wegweiser.« Nur ein paar Dutzend Kurven wieder die Straße hinauf seien es, dann hinüber auf die andere Seite des *Col du Donon*, und dort, unterhalb der Passstraße, die die beiden Täler verbindet, dort lägen dann die Quellen. Irgendwo tief im Wald, unter Fichten, Fels und Farn, an dem Hang, der sich teilt in das Tal der Weißen und das Tal der Roten Saar. Sie blickt uns an: »Folgt nicht den Schildern. Folgt dem Wasser!«

Dann steht sie auf und nimmt die Teller vom Tisch. Zum Dessert bringt sie eine *tarte aux myrtilles* aus der Küche. Die Blaubeeren hat sie auf ihren langen Wanderungen gefunden, weit abseits der Wege. Sie kennt die Orte. Jetzt, im späten Sommer und fast schon frühen Herbst, ist die beste Zeit: Wenn die Tage spürbar kürzer werden und Haus und Hof und Wälder am Donon immer früher im Dunkel der Nacht versinken, dann sind die Beeren am süßesten und tiefdunkelblau.

Holz für die Städte Hollands
Im Tal der Weißen Saar

Am nächsten Morgen erwachen wir mit dem Hahnenschrei. Ein Kaffee im Stehen in der Küche, dann verabschieden wir uns von Marie-Alix. Wir fahren zurück – den Berg hinauf und über den Pass. Sachte rauscht auf der Höhe der Wind in den Tannen, selten zwitschert ein Vogel in der Ferne, nur gelegentlich zerreißt der Schrei einer Krähe die Stille. Am frühen Morgen scheint auch der Wald noch zu schlafen.

Kehre um Kehre folgen wir der Straße hinein ins Tal. Hinter einer der vielen Kurven mischt sich ein neues Geräusch in das Rauschen des Waldes, ein leises, silbernes Plätschern. Schnell wird es lauter, dann sehen wir ihn. Ein kleiner, schneller Bach, der den Hang hinab und unter der Straße hindurchfließt. – »Folgt dem Wasser«, hatte Marie-Alix gesagt. Wir verlassen die Straße, krempeln die Hosenbeine auf und steigen im Bett des Baches bergan. Kaum einen Fuß breit, sucht er sich seinen Weg zwischen Steinen und Baumwurzeln, manchmal verschwindet er im Boden und kommt erst einige Meter weiter wieder hervor. Etwa eine halbe Stunde lang wandern wir so zwischen den Tannen dem Bach nach, der mit dem Anstieg immer dünner und schließlich zum Rinnsal wird. Irgendwo weit unter uns müssen der Wanderpfad und der alte Wegweiser zur versiegten Quelle liegen.

Schließlich weitet sich der Wald zu einer Lichtung, dicht mit Farn bewachsen. Das Wasser, kaum noch eine Hand breit, fließt aus dem Gebüsch hervor. Wir teilen mit den Händen die Farnbüschel. Schließlich stehen wir an einem großen Stein. Bleistiftdünn tritt ein kleiner Wasserlauf unter ihm hervor und beginnt seinen Weg zu Tal. Die Quelle der Weißen Saar.

Wir blicken zurück, den Hang hinunter. Mit leisem Plätschern rinnt das Wasser um Steine und Geäst, taucht ab unter Farn und Wurzelstöcke. Baumstämme stellen sich dem jungen Bach immer wieder in den Weg, Laub und Wurzelwerk stauen ihn zu Pfützen. Schnell gesellt sich weiteres Wasser aus dem feuchten Hang hinzu. Der kleine Bergbach verschwindet bisweilen in den Ritzen und Klüften des Gesteins. Weiter unten kreuzt er die Serpentinen der Straße.

Hinter jeder Straßenkehre tritt die Weiße Saar größer und stärker wieder hervor aus dem Wald. Unbeobachtet sammelt sie Wasser um Wasser unter der Erde, vereinigt sich mit namenlosen Rinnsalen in der Tiefe dieses bewaldeten Hangs am Donon. Aus ihrem Plätschern wird ein Gurgeln, aus dem Gurgeln ein Rauschen, bald schon füllt es das sonst so stille Tal. Schon wenige Kehren weiter und etliche Hundert Meter tiefer wird der Bergbach stark sein und mehr als baumstammbreit.

Breit genug und stark genug und schnell genug, dass man in früheren Zeiten die langen, schlanken Stämme hineinlegte, frisch gefällt und ihrer Äste beraubt. Knietief ist das klare Wasser im Tal, glattgespült wie Badezimmerfliesen liegen hellgraue Steine auf seinem Grund. Durch diese halb natürliche, halb von Menschenhand gemachte Rutsche kommt das geschlagene Holz: Tanne, Fichte, Eiche. Mit langen Stangen in den Händen stehen Männer am Ufer, ziehen die Stämme mit diesen Enterhaken weiter, um Kehren herum und in die nächste Rutsche hinein, immer weiter, bis zum ersten Sägewerk im Tal der Weißen Saar.

Zwei Tagesreisen weiter den Fluss hinab binden sie es zu großen Flößen zusammen, ›das Holländerholz‹, so nennen sie es – damals, vor drei-, vierhundert Jahren –, nach dem Ziel seiner Reise: Die mächtigen Tannen und Fichten aus den schier unerschöpflichen Wäldern der Vogesen sind über Jahrhunderte hinweg wertvolle Fracht der Flößer und der Schiffer auf der Saar. Denn noch einmal etliche Tagesreisen weiter, auf anderen und wieder anderen Flüssen und Kanälen, bis hinab an die Meeresküsten, werden die Baumstämme geflößt, und am Ende ihrer Reise werden sie aufgerichtet, in die Höhe, und dann tief hineingetrieben in sandigen Grund, dicht an dicht, Stamm an Stamm. So stehen sie bis heute, Abertausende von Stämmen, ein Wald unter der Erde, von Menschenhand errichtet: Auf das Holz aus den Vogesen baute Holland seine Städte; aus seinen Balken und Brettern die größte Flotte der damaligen Welt.

In die Stille
Hugo und das einfache Leben

»Ich lerne viel«, sagt er. »Ein Haus renovieren. Einen Garten anlegen. Zäunen. Holz machen.« Arbeiten mit den eigenen Händen. Am Abend blickt Hugo zurück auf sein Tagwerk. Hier der Stapel Brennholz, die frisch gestrichene Wand, das neu gedeckte Dach – dort der Garten, es wachsen Salat, Zucchini, Paprika, dichte Brombeeren. Der Zaun drumherum ist elektrisch geladen, ein Viehzaun – nicht um Vieh drinnen zu halten, sondern die neugierigen Hirsche draußen. Im Hof liegt die Arbeit für den Winter bereit – Holzbretter vom Sägewerk nicht weit von hier im Tal, Gipskarton, Steinwolle. Wenn es kälter wird, will er drinnen weiterbauen, auf dem Dachboden der alten Scheune, zwei neue Zimmer für Gäste. Mit viel Holz, viel Platz und – wichtig – mit *Jacuzzi*.

Er kommt aus Straßburg, war Manager bei *Disney*, im Marketing. Die bunte Welt hat er eingetauscht gegen das dunkle Grün im Tal der Weißen Saar. Der Bach sucht sich unterhalb des Hauses seinen Weg, verborgen zwischen Bäumen. Zum ersten Mal in ihrem noch jungen Lauf gibt die Saar hier einer Ortschaft ihren Namen: Turquestein-*Blancrupt* – ›weißer Bach‹.

Für Hugo war es ein Rückzug, hinaus aus der Enge und der Einsamkeit der Stadt, hinein in die Weite und die Einsamkeit des Tals. Zum nächsten Nachbarn geht man eine Zigarette lang. Zum übernächsten schon eher drei. »Wenn ich Hilfe brauche, gehe ich hinüber. Braucht ein anderer mich, klopft er bei mir an. Hier ist alles einfach.« Nur eine Handvoll Häuser hat Turquestein-Blancrupt. Verstreut zwischen Wald und Fluss, Wiesen und Weihern leben die elf Einwohner der Gemeinde. »Nicht alle, die hier wohnen, bleiben rund ums Jahr im Tal. Manche fahren zur Arbeit nach Sarrebourg. Andere kommen nur an den Wochenenden.«

In der kleinen Kapelle aus dem achtzehnten Jahrhundert, oberhalb des Dorfes auf halbem Wege zum Donon, wacht die Madonna *Notre-Dame de la Délivrance*. An sie wenden sich die Menschen aus der Gegend, um Nachwuchs zu erbitten, eine gute Geburt oder Heilung von Krankheit. Dutzende von Heiligenfigürchen verstauben am Altar und auf den Fensterbänken. Mehrere Bücher, vollgeschrieben mit Bitten, Fürbitten und Dank, zeugen vom lebendigen Glauben an die Kraft der Madonna in diesem Tal.

Das Leben, sagt Hugo, sei reicher hier, wo es nichts zu kaufen gibt. Wo keine Termine auf ihn warten und kein Chef, keine Angestellten, keine Kunden. Stattdessen kommen Gäste. Rund dreihundert waren es im ersten Jahr, als Hugo sein *Bed and Breakfast* öffnete, über fünfhundert schon im zweiten. Auch seine Familie kommt ihn ab und zu besuchen, aus Nancy. Er selbst fährt nicht hin. »Was soll ich in der Stadt?«

Zahlreiche Wanderwege führen durch den dichten Wald hinauf zum Donon; Rennradler und Motorradfahrer lieben die kurvige, einsame Passstraße. »Es kommen Leute aus allen möglichen Ländern, vor allem Franzosen, Deutsche, Belgier, Niederländer«, zählt Hugo auf. Sie fragen, ob die Weiße Saar wirklich weiß sei und die Rote Saar wirklich rot, aus den Reiseführern wissen sie von Granit und Buntsandstein. Und er erzählt ihnen die Geschichten von der Madonna, von den Ruinen der Mühlen und der Burg, von den Weihestätten der Völker oben auf dem Gipfel des Donons, den nur die Christen tausend Jahre lang mieden, und von Victor Hugo, von dem es heißt, er sei dort gezeugt worden. »Langweilig war es hier noch keinen Tag.«

In der Abgeschiedenheit des Tals haben plötzlich alle mehr Zeit. Manchmal bringt Hugo Einkäufe für seine Gäste mit aus dem Dorf, backt Flammkuchen, stellt einen Wein auf die Tischtennisplatte unterm Vordach. Stundenlang sitzen sie dann dort im Schein der Kerzen und erzählen bis tief in die Nacht. »Mich interessieren die Menschen. Die Geschichten ihrer Reisen.« – Aufs Bild will er nicht. Fotos von sich selbst, das riecht zu sehr nach seinem alten Leben.

Tannen, Felsen, Schweigen
Im Tal der Roten Saar

An einem Nachmittag, die Sonne versinkt schon hinter den Bergen, sind wir wieder auf dem Pass. Es riecht nach Tanne, Harz und Höhe, nach Moos und warmem Wald. Diesmal folgen wir der Straße in die andere Richtung. Auch hier zeigen nach einigen Minuten alte Wegweiser in den Wald: ›Zur Quelle der Roten Saar‹. Ein Fahrweg, breit geschottert, führt zu einem Soldatenfriedhof, eingefasst in Mauern, im Wald dahinter türmen sich dunkel die Ruinen gesprengter Bunker.

Wir folgen weiter den Wegweisern zur Quelle, ohne allzu große Hoffnung – doch diesmal gibt es keine Suche. An der Roten Saar hat alles seine Ordnung: Schild folgt auf Schild, nach ein paar Hundert Metern weitet sich der Weg zu einer Lichtung, und das Wasser ist da, wo es sein soll. Roter Stein fasst die Quelle ein, eine Tafel erklärt das Offensichtliche. Das Wasser ergießt sich ins Becken, läuft über und beginnt seine Reise zu Tal. Wir folgen ihm auf der Straße, die sich in Haarnadelkurven den steilen Hang hinabschwingt. Der Bach nimmt den direkten Weg, nach jeder Kehre kreuzt er unter dem Asphalt hindurch. Als der Hang flacher wird, tun sich Straße und Bach zusammen.

Die Rote Saar zur Linken, bewaldete Hänge und nackte Felsen zur Rechten, so geht es Kurve um Kurve durch hohen, dunklen Tannenwald, immer hinab. Das Zeitgefühl geht verloren auf diesem immer gleichen Weg zu Tal. Allmählich wird es wärmer, die Luft dichter, die Gerüche werden erdiger. Passhöhe und Quelle mögen zwei Stunden zurückliegen oder auch mehr, als der Wald sich schließlich öffnet. Erste Häuser erscheinen am Weg, eine Eisenbahnspur quert die Straße, Seite an Seite mit der Roten Saar gelangen wir ins Dorf.

An einem Hausgiebel in Abreschviller fassen drei Worte des Dichters Maurice Barrès die Schönheit zusammen, die dieses stille Tal beschweigt:

Des Sapins
Des Rochers
Du Silence

Auf Abenteuer
Victoria, Cyril und der Geschmack der weiten Welt

»Ich war ein guter Junge«, sagt er. »Damals, hier im Dorf.« Cyril ist ein Mann von der Statur eines Rugby-Profis – rasierter Schädel, dichter schwarzer Bart, kräftige Hände. Mit geübtem Griff sticht er das Messer dicht am Knochen ins Fleisch, führt es mit einer zärtlichen Bewegung aufwärts und trennt Muskeln vom Rippenansatz. In Gummistiefeln und in der weißen Jacke des Fleischers steht er in der Wurstküche der alten Metzgerei von Abreschviller, vor sich eine Schweinehälfte, der Kopf hängt noch dran.

Drüben, im Restaurant auf der anderen Seite der Straße, hat er einst eine Ausbildung zum Koch gemacht. Doch es hielt ihn nicht lange in diesem Landstrich, wo er jeden kannte und jeder ihn. Er ging zur Marine, kochte auf Schiffen, fuhr um die Welt. Jetzt, ein halbes Leben später, ist er wieder zurück – und noch immer beobachten die Alteingesessenen leicht skeptisch, was in der alten Fleischerei vor sich geht. Auch die Leute in seinem Alter, die Schulkameraden von damals. *Black Pudding & Co.* steht in großen Lettern auf dem Schaufenster. Der Name des Geschäfts gibt sich keine besondere Mühe, französischen Zungen zu gefallen. Direkt darüber stiert dem Besucher der riesige Schädel eines zotteligen schottischen Galloway-Rinds entgegen.

Die Bedeutung des Namens dürfte vielen in Abreschviller anfangs ein Rätsel gewesen sein. Hier, wo Metzgereien den Namen der Metzgersleute tragen, wo sie auf drei Generationen Familienbetrieb zurückblicken und traditionelle lothringische Wurstwaren anbieten; hier, wo jeder jeden seit Jahrzehnten kennt; hier ist das, was Victoria und Cyril machen, reiner Punk. *Black Pudding*, das ist ein schottisches Nationalgericht und jenseits der Insel kaum bekannt, eine Mischung aus Schweineblut, Haferflocken und Fett. Die dunkle Masse wird gebraten und warm zum Frühstück serviert. Für einen Franzosen könnte ein Tag kaum schrecklicher beginnen.

Doch den Geschmack trendhungriger Großstädter treffen Victoria und Cyril genau. Bis nach Straßburg und Nancy hat sich die kleine Metzgerei am Fuße des Donons herumgesprochen. In der Theke warten nicht nur Wurstwaren aller Art – frisch, getrocknet, geräuchert; es gibt auch Aufschnitte, Salate, Pasteten, Quiches, feine Terrinen. Daneben im Regal steht selbstgemachter Fichtennadelessig. Ein Schwein pro Woche verwurstet Cyril – das ist wenig für eine Metzgerei. Dafür ist alles von Hand gemacht und original *Moselle*: Den Schweine- und den Rinderzüchter kennt Cyril persönlich, den Kräuterhändler, die Biobauern und Pilzexperten. Heute experimentiert er in der Räucherkammer. Anstelle des klassischen Buchenholzes hat ein Freund ihm Haselnuss vorbeigebracht. »Ich bin gespannt, wie das den Geschmack verändert!«

Nach seiner Zeit zur See heuerte Cyril als Koch in einem Hotel in Glasgow an. Schottland und die dortige Küche gefielen ihm gut, auch die Menschen – besonders seine Chefin. Irgendwann gab sie ihren Job als Hotelmanagerin auf und ging mit Cyril nach Frankreich. »Hotel, das war vierundzwanzig Stunden Arbeit am Tag, sieben Tage die Woche. Wir waren nie zu Hause«, erinnert sich Victoria. »Jetzt arbeiten wir auch viel. Sehr viel. Aber jetzt sind wir immer zu Hause.«

In der ersten Zeit zogen die Sprachen eine Barriere durch die Familie. Die jüngste Tochter sprach kein Englisch, Victoria noch nicht gut genug Französisch. Zwei Jahre lang konnten sie sich nur mit Blicken, Gesten und wenigen Worten verständigen. Heute wechselt das Gespräch im *Black Pudding* fröhlich zwischen Englisch und Französisch hin und her, die Kinder wachsen zweisprachig auf. Nach Schottland kommt die Familie kaum einmal – in den ersten sieben Jahren war noch keine Zeit für Urlaub. Zweimal im Jahr ist Victorias Mutter für mehrere Wochen zu Besuch.

Cyril kommt aus der Küche, die Ärmel der weißen Metzgerjacke hochgekrempelt, die Hände rosig vom Waschen und Desinfizieren. Sein Mitarbeiter ist noch mit Pasteten und Konserven beschäftigt. Das Kochen hat Cyril von der Pieke auf gelernt, das Metzgern hat er sich später selbst beigebracht. »Eine völlig neue Welt. Als Koch verarbeitest du fertige Zutaten, als Metzger fängst du beim rohen Material an«. Von der Schweinehälfte bis zur Feinschmecker-Pastete ist es ein weiter Weg. »Der Koch in mir weiß, wohin die

Reise gehen soll. Der Metzger in mir muss den Geschmack dann aus den Rohstoffen herausholen.« Durch Versuch und Irrtum und mit Internet-Videos zum richtigen Zerlegen brachte Cyril sich das Handwerk selbst bei. Nur manchmal vermisst er es, die Reaktion seiner Kunden selbst zu erleben. Dabei zu sein, wenn sie die Gabel zum Mund führen. Als Koch war er näher dran an seinen Gästen – er ging an die Tische und fragte, wie es schmeckt.

»So – Zeit fürs Büro«, sagt er und klappt den Laptop auf. Gerade bietet er bei einer Online-Auktion mit: Irgendwo in Belgien wird eine Grilltheke versteigert. »Mein nächstes Projekt: Pop-up-Barbecue. Catering mit Feinkost-Spezialitäten vom Grill.« Victoria rollt die Augen: »Dann haben wir auch am Wochenende noch *Showtime*.« – »Wir müssen was machen, wir müssen rausgehen«, beharrt Cyril. »Hier sind die Leute zurückhaltend mit allem, was neu ist – aber da draußen, da wartet die Welt auf uns!« Immerhin, auch aus dem Dorf hat sich im Laufe der Jahre der eine oder andere in den *Black Pudding* gewagt. »Und wer einmal da war«, weiß Victoria, »der kommt immer wieder.«

Doch nicht nur für die Leute im Tal ist *The Black Pudding & Co.* eine Herausforderung. An der Tür zur Küche hängt ein Schild. »Ich lese es jeden Morgen«, sagt Victoria, »es könnten meine eigenen Worte sein: ›*Aujourd'hui, je pars à l'aventure*‹ – ›Heute gehe ich auf Abenteuer‹.«

Unter Dampf
Iryna, Alexandre und die Waldeisenbahn

Am Morgen um halb acht macht sie die Runde über den Campingplatz, schaut auf ihre Liste, klopft hier an einen Wohnwagen, dort an einen Campingbus oder ruft gedämpft ein »*Bonjour*« durch die Plane eines Zeltes. Wer schon wach ist, dem reicht sie die Tüte gleich persönlich hinein, anderen legt sie sie vor die Tür. Die Croissants und Brötchen darin sind noch warm, eben hat der Bäcker aus dem Nachbardorf sie herübergebracht.

Den kleinen, von Hecken umsäumten Campingplatz direkt am Ufer der Roten Saar, die hier in schnellem Lauf durch die Wiesen fließt, haben Iryna und ihr Mann Alexandre erst im Jahr zuvor übernommen. Vor allem Deutsche steuern den Platz an, hin und wieder auch einige Belgier und Niederländer. Die meisten kommen mit dem Wohnmobil und bleiben für ein paar Tage in der Gegend; auch Radfahrer auf Tour durch die Vogesen, entlang der Saar und der französischen Kanäle, schlagen ihr Zelt auf.

Iryna stammt aus Kyiw, sie und Alexandre haben sich vor vielen Jahren im Studium in Paris kennengelernt. Sie heirateten in der Stadt, lebten und arbeiteten dort lange. »Nach zwölf Jahren war es dann genug. Die Stadt macht zynisch und aggressiv.« Alexandre stieg ins Familienunternehmen seiner Eltern in Forbach ein, direkt an der Grenze zu Deutschland. Sie suchten einen schönen Ort nicht zu weit weg – und entdeckten Abreschviller. Das Paar kaufte die Ruinen einer alten Dampfschmiede direkt an der Roten Saar. »Dort drüben steht noch die alte Dampfmaschine ... Sie ist in gutem Zustand, aber das Gebäude lohnt eigentlich eine Sanierung nicht.« Auch der hohe Schornstein macht ihnen Sorgen. Ihn zu erhalten ist schwierig und teuer. »Aber wir wollen den Charakter des Ortes bewahren und nur das abreißen, was gar nicht mehr zu retten ist.« Nach und nach renovieren Iryna und Alexandre die Gebäude auf der *Domaine de la Forge Rouge*. Die frühere Wassermühle am Campingplatz soll einmal ein *Bed and Breakfast* werden. »Das wird noch dauern ... von außen sieht sie gut aus, aber innen ist unglaublich viel zu tun«. Im Augenblick geben die Handwerker einander die Klinke in die Hand.

Lange Zeit lag das letzte Dorf vor dem Elsass ein wenig abgeschieden im Tal der Roten Saar. Holzfällerei und Sägewerke, angetrieben durch die Wasserkraft der Saar,

bestimmten das Leben. Mit dem Zeitalter der Dampfmaschine löst die Eisenbahn das mühsame Triften der Baumstämme über die Rote Saar ab. Holzfäller schlagen Schneisen in den Wald, Bahnarbeiter verlegen im Laufe der Jahrzehnte über siebzig Kilometer Gleis durchs Tal. Lange bevor es hier Straßen gibt, bringt die Waldbahn Forstarbeiter in die Tiefe der Wälder. Tagsüber ziehen die kleinen Schmalspur-Lokomotiven Waggon um Waggon Holz zu den Sägewerken. Immer weiter in den Wald hinein verzweigt sich das Schienennetz.

Fast ein Jahrhundert lang ist Abreschviller so nicht nur Holzfällerdorf, sondern auch Eisenbahnknotenpunkt. Das Stampfen der Dampfmaschine, das Fauchen der Lokomotiven und das Kreischen der Sägewerke erfüllen das Tal. Nach dem Zweiten Weltkrieg werden die Straßen über den Donon und in die Täler der Weißen und Roten Saar breiter ausgebaut. Als die ersten Lastwagen im Wald erscheinen, verliert die Waldbahn an Bedeutung. Immer seltener fahren die Züge in den Wald, der bald schon beginnt, sich die Gleise und Holzstapelplätze zurückzuholen. Irgendwann bleiben die Dampflokomotiven ganz im Schuppen, einige werden verkauft.

In den späten Sechzigerjahren erinnern sich einige Dampf-Enthusiasten aus Abreschviller an die kleine Bahn. Sie nehmen die große Werkstatthalle in Betrieb, feuern die eingerosteten Lokomotiven an, holen die Waggons aus den Schuppen und bauen Sitzbänke ein. Nach und nach schneiden sie sechs Kilometer Strecke des alten, längst von Brombeeren und jungem Wald überwucherten Schmalspurgleises frei. Nach jahrelanger Restaurationsarbeit fauchen die Lokomotiven heute wieder durch den Wald. In den historischen Waggons bringen sie Touristen zum stillgelegten Sägewerk beim Weiler Grand Soldat, das heute Museum ist. Die Eisenbahner von Abreschviller richten Märkte aus, laden Kinder zur Ostereiersuche in den Wald ein und veranstalten

Cowboyspiele mit Eisenbahnüberfall. Paare bringt die kleine Waldbahn an entlegene Orte für Hochzeitsfotos im Stil des neunzehnten Jahrhunderts, Liebhaber historischer Schienenkultur können eine Reise machen im Orient-Express *en miniature*.

Nur – die gemächlichen Fahrten durch den Wald, in dem malerischen kleinen Zug, das Erlebnis einer der letzten Schmalspurbahnen Europas, die Historie der Region – das alles droht schon selbst zu einem Stück Tourismusgeschichte zu werden. Alexandre wurde gerade zum Vorsitzenden des Waldbahn-Vereins gewählt, und zusammen mit dem Team will er mehr Gäste gewinnen für einen Abstecher ins Holzfällerdorf. Sie richten einen Shuttlebus zum nahegelegenen Ferienpark ein, planen Halloween-Party, Nikolausumzug und Weihnachtsmarkt. Auf dem alten Eisenbahngelände wollen sie einen Abenteuerpark bauen, mit Achterbahn und Schießbuden, Waldbaden und Westernreiten – ein Rummelplatz in der Stille des Waldes.

Auf dem Campingplatz sind die Urlauber aufgewacht. Kaffeeduft weht herüber, Stimmengewirr in mehreren Sprachen, Radiomusik. Ein paar Kinder laufen in Badehose über den Platz, auf dem Weg zum Schwimmteich gegenüber. »Wir machen hier den Urlaub für andere«, sagt Iryna, »nur wir selbst sind seit Jahren nicht mehr weggefahren«. Ihre Hand macht eine Geste zu den Gebäuden ringsum. Bauen in alten Gemäuern, das braucht Zeit und Phantasie und Nerven. Gerade planen sie, in der alten Mühle einen Laden einzurichten, der Produkte aus der Gegend anbietet. »Und eine Weinbar wäre auch noch eine gute Idee …« Iryna lacht kurz. Der energiegeladenen jungen Frau sieht man an, dass ihre Tage lang sind. Es kann müde machen, ein ganzes Dorf zu wecken.

Alles à point

Alison, Léon und der Imbiss im alten Sägewerk

Ein Herbstmorgen. Das erste Licht hat es über die Hügel geschafft und macht sich daran, den Nebel aus dem Tal zu vertreiben. Die Lokschuppen dämmern im Schatten der Berge vor sich hin. Der kleine Ticketkiosk mit Süßigkeiten und Getränken liegt im Dunkel. Nichts rührt sich auf der Brache des alten Eisenbahngeländes. Das Tor zum Lokschuppen ist verriegelt. Gleise treten unter seinen verwitterten Brettern hervor; alte, dicht beieinander liegende Schmalspur. Der Zwillingsstrang läuft in sanftem Bogen durch Schotter, Sand und brüchigen Asphalt. Er passiert das flache, aus Holzbohlen gezimmerte Bahnhofsgebäude, lässt eine Weiche hinter sich und verliert sich zwischen Hecken und Häusern. Irgendwo hinter dem Dorf wird er der Roten Saar in den Wald folgen.

Aus einem kleinen Holzhaus gegenüber dringen gedämpft Stimmen und das Klappern von Küchengeräten. Drinnen steht Léon am blitzblank geschrubbten Edelstahltisch. Im kalten Licht der Arbeitsleuchten schneidet er Lendenfilets in Streifen. Auf dem Herd zischt Speck in der Pfanne, eine Mitarbeiterin würfelt Zwiebeln, ihr Kollege rührt konzentriert eine Vinaigrette. Ein anderer schlägt scheppernd Eischnee. Er blickt auf und grinst: »Zitronencremetörtchen mit flambierten Baisers«. Ab und zu fliegt ein Witz durch den Raum, die Leute lachen, einer singt – und selbst, als in der Eile eine Flasche Würzsauce aus dem Regal kippt und am Boden zerbirst, entfährt dem Chef nur ein kurzer französischer Kraftausdruck. Der berüchtigte Kasernenhofton, mit dem sich die Küchenchefs der Haute Cuisine ihrer Bedeutsamkeit versichern, hat hier keinen Platz.

Die Tür geht auf, der Bäcker reicht ein Armvoll Brote herein, ein kurzes »*Bonjour*« – schon fährt er wieder vom Hof. Das Telefon klingelt. Léon wischt sich die Hände ab. Ein Blick in die Kühlschränke, er gibt eine Bestellung durch, macht sich Notizen, hängt ein und hat schon wieder das Messer in der Hand. »Ich war immer schon ein großer Gourmand«, erzählt er, während er die Filetstreifen in Marinade legt. Das Kochen liegt ihm im Blut, schon seine Großmutter und seine Mutter hatten Restaurants. Die Familie zog oft um, immer auf der Suche nach neuen gastronomischen Chancen. An zweiundzwanzig Orten hat Léon gewohnt in einem noch nicht allzu langen Leben, als sein Vater eines Tages vom Holzkaufen aus Abreschviller zurückkommt. Er hat das leerstehende Sägewerk entdeckt, und seine Augen leuchten: »Léon – da musst du ein Restaurant aufmachen!«. Und Léon zieht zum dreiundzwanzigsten Mal um.

Kurz darauf kommt Leben in das alte Sägewerk von Abreschviller. Léon stellt einen Tresen in das ehemalige Büro, baut eine kleine Küche ein, für drei Tische ist auch noch Platz. Er kocht mit einer Hand und bedient mit der anderen, und bald drängen sich die Gäste im Schuppen. Nach und nach wächst die Speisekarte, der Koch experimentiert mit Zutaten und Gerichten. Dann bringt die Corona-Pandemie den Durchbruch. Als alles schließen muss und jede Möglichkeit zur Begegnung erstirbt, baut Léon eine große, überdachte Terrasse an seine Imbissbude an, mit rustikalen Holztischen für fünfzig, sechzig Gäste. Helfer für Küche, Essensausgabe und Bar findet er im Dorf. Im Corona-Winter ist es zwar kalt auf der halboffenen Terrasse – doch der Imbiss ist das einzige Restaurant im Umkreis, das überhaupt öffnen darf. Die Leute aus dem Dorf sind froh um die Geselligkeit und das gute Essen, und auch die Waldarbeiter, die Handwerker aus den umliegenden Dörfern und die Buchhalter aus den kleinen Betrieben in der Gegend machen Mittagspause bei Léon. Eine junge Frau ist besonders häufig zu Gast: Alison gefällt der kleine Ort, die fröhliche Stimmung im Imbiss, die frisch gemachten Snackgerichte – und besonders gefällt ihr der Koch.

Eben hat sie die aus Zeltbahn geschneiderten Fenster vor der Terrasse heruntergelassen, Heizstrahler wärmen den Gastraum an diesem kalten Tag im frühen Herbst. Alison stellt Stühle bereit und wischt Tische und Fensterbänke. »Gastronomie ist zur einen Hälfte Kochen und zur anderen Hälfte Putzen.« Sie lacht. Dann nimmt sie den Kreidestift und schreibt die Tafel mit den Tagesgerichten: Die Lendenfilets wandern auf die Karte, handgemachte Chicken Nuggets, Burger vom Rind, überbacken mit Munster-Käse aus dem Elsass, frische Salate der Saison, als Vorspeise ein Bibeleskäs aus den Vogesen, zum Dessert die flambierten Zitronencreme-Baisers.

»Ich koche so wie meine Mutter und Großmutter«, erzählt Léon. »Wenige Gerichte, einfache Gerichte – aber alles mit Zutaten direkt von hier.« Sein Cousin ist Metzger, von ihm bekommt er das Fleisch. Die Tiere stehen beim Bauern im Tal. Ein Jäger bringt

ihm Wild aus den Wäldern an der Roten Saar. Die Brote sind vom Bäcker aus dem Nachbardorf, der Käse stammt aus Lothringen und dem Elsass. Im Winter wirft der Chef regelmäßig einen großen Tischofen an – seine Raclettepartys sind weit im Voraus ausgebucht.

Um diese Jahreszeit ist mit Touristen nicht zu rechnen, aber eine kleine Schar hungriger Gäste aus der Gegend hat sich eingefunden. Fast Food *à la française*, das bedeutet bei Léon: Vier Stunden lang wird liebevoll vor- und zubereitet und dann *à point* serviert. Immer wieder unterbricht Léons Stimme die Musik auf der Terrasse. Dann schallt es aus den Lautsprechern im Ton des legendären Boxkampf-Ansagers Michael Buffer: »*Mesdames et Messieurs, nous vous présentons le numerooooo viiiiiingt-quatre!*« – »Das lässt er sich nicht nehmen«, sagt Alison zwinkernd. Sie steht am Tresen und zapft helles, fruchtig-herbes Bier in kleine Gläser, während sie mit den Gästen scherzt. Die meisten hier kennt sie. Sie weiß, wer das *Fischer* pur trinkt und wer es gern mit dem *Picon* versetzt, einem französischen Orangenbitter. »Heute war ja ein ruhiger Tag«, sagt sie. Fünfzehn Gäste hat das Küchenteam bewirtet. Im Sommer kommen sie täglich auf über dreihundert Gerichte. »Nächste Saison rechnen wir mit doppelt soviel«, sagt Léon, der mit einem Handtuch über der Schulter aus der Küche kommt. Er nimmt sich ein Glas Wasser. »Die Eisenbahner«, er nickt mit dem Kopf in Richtung Lokschuppen, »haben ja große Pläne. An uns soll's nicht liegen, wir bekommen alle satt.« Er streicht sich durch den Bart und schaut aus dem Fenster, hinüber auf die Brache. »Und vielleicht bauen wir da drüben dann unser Gemüse selbst an. Oder … naja. Die Welt ist ja groß. Es gibt noch so viele Ideen!«

Das Rauschen ist mir anvertraut
Danielle und Alain auf der Liebesinsel

»Kaffee? Whisky?« Alain lächelt breit. Auf dem Tisch steht ein Laptop; Zigaretten und Feuerzeug liegen griffbereit. Das kleine Glas ist halbvoll. Vor dem Fenster rauscht die Saar übers Mühlwehr.

Der Fluss ist hier so groß wie nie zuvor: Kaum zweihundert Schritte aufwärts, im dichten Gebüsch oberhalb des Gartens, finden die Rote und die Weiße Saar in ihren gemeinsamen Lauf. Kaum vereint, stellt sich ein Mühlwehr dem jungen Paar in den Weg. Im Jahr 1798 begann sich das Rad der ersten Mühle an der vereinigten Saar zu drehen. Heute steht das Mahlwerk still – nur Haus und Scheune der Wassermühle blieben erhalten, und das Wehr, und mit ihm das Rauschen einer vergangenen Zeit.

Alain und seine Frau Danielle haben ein Herz für die Schönheit von Dingen, deren ursprünglicher Nutzen erloschen ist. Die Stühle am Wohnzimmertisch stammen aus den ersten Waggons der Pariser Metro, die Bilder an den Wänden teilen mit den Büchern in den Regalen ihre Herkunft aus vergangenen Jahrhunderten. Durchs Fenster fällt der Blick auf eine britische Telefonzelle im typischen Rot, die dem Zeitalter der Mobiltelefone weichen musste.

Vor dem Haus liegt ein Mühlstein. Alain hat ihn in den alten Gebäuden gefunden, und in den Akten des Hauses auch Steuerunterlagen aus der damaligen Zeit. Er fährt mit dem Finger durch die flachgeschliffenen Furchen des runden Sandsteins und erklärt: »Die Mühlsteine zeigen an, wieviel Korn sie gemahlen haben. Je stärker der Stein abgenutzt war, desto mehr Steuern musste der Müller bezahlen.«

Oberhalb der Mühle, wo Weiße und Rote Saar sich vereinen, bilden sie eine kleine Landzunge, eine Halbinsel, ein Dreieck, tief verborgen in dichtem Wald. Dort, auf der *Île d'Amour*, wie der kleine Flecken ins Kataster eingetragen ist, auf der Liebesinsel, treffen sich abends gelegentlich junge Leute aus dem Dorf zu dem einen oder anderen *rendez-vous galant*. Und natürlich gibt es hier, wo die Saar gleich dreimal fließt, die von Ohr zu Ohr geraunte Geschichte: »Es war einmal ein Müller, der hatte drei Töchter …«

»Das hier ist er übrigens. Jean Jacques Bouchpacher, der erste Müller.« Alain tippt auf ein Bild an der Wand. Auch er und Danielle haben drei Kinder. Als sie in den frühen Achtzigerjahren in die Gegend kamen, hätten sie auch ein neues Haus bauen können, in der Art, wie sie sich heute am Rande fast jedes Dorfes hier finden: Modern, komfortabel, geheimnislos. Doch – welche Geschichte können Mauern erzählen, die beim Einzug noch nicht trocken sind? Welche Rätsel will man seinen Kindern erzählen, wenn es kein verwunschenes Gebüsch gibt, in dem sie zu entdecken wären? Welches Buch hätten seine Söhne ihm später schenken sollen in einem solchen, ohne jede Phantasie errichteten Haus, in dem der Blick nur bis zur Hecke reicht und wo kein Platz gewesen wäre für die Hütten?

›*Les cabanes de Papa* – Papas Hütten‹, so haben sie es genannt, ein Buch mit Zeichnungen und Erzählungen aus seinem eigenen Leben. Alains Blick geht aus dem Fenster. »Da drüben stehen sie«, sagt er. »Ich sitze tatsächlich oft nicht hier im Haus, sondern draußen am Weiher.« Seit sie die ehemalige Mühle übernommen haben, hat Alain diese Hütten in den Wald gebaut, ans Ufer des kleinen Sees. Noch heute steigt er manchmal ins Baumhaus, dessen Fenster über das Wasser blicken. Ein kleiner Tisch steht dort – ein stiller Ort zum Angeln, zum Nachdenken, zum Rauchen, zum Schreiben. Dann sitzt der große, hagere Mann in der kleinen Hütte oben im Baum und blickt auf Wald und Welt und Weiher. Die Haare fallen ihm in die Stirn – ein Bühnenvorhang, der ein Geheimnis zu bewahren weiß; hinter dem es sich in die Requisiten der eigenen Erinnerungen blicken lässt.

Kaffee, Zigaretten, ein kleiner Whisky als stiller Begleiter – die Gedanken gehen in die Vergangenheit. ›*Le docteur des soucis*‹ – ›der Sorgendoktor‹, so hat er sein erstes Buch mit Lebenserinnerungen überschrieben. Und die Gedanken eilen voraus in die Zukunft: Was kann er jungen Kollegen mitgeben an Erfahrung aus seinen Jahrzehnten in der Kinderpsychiatrie? Was für Erzählungen brauchen die Menschen von heute, die den Unbilden ihres Seelenlebens ausgesetzt sind, ohne zurückgreifen zu können auf den reichen Vorrat an Weisheit der immer weitererzählten Mythen und Legenden früherer Generationen?

Ein paar Stunden weiter die Saar hinab, auf der deutschen Seite, sitzt zur gleichen Zeit ein alter Kollege am Schreibtisch in seinem Turmzimmer. Wolfgang ist wie Alain Psychologe und lebenserfahrener Psychotherapeut. Diese beiden Kenner der menschlichen Seele, sie kennen auch einander aus dem einen oder anderen Projekt. Dienst und privates Engagement haben sie hier und da zusammengeführt, und beide sind immer wieder dem Geheimnis auf der Spur, für das nur das Wasser passende Vergleiche bietet: Durch welches Bett der Wirklichkeit windet sich der Fluss des menschlichen Bewusstseins? Beide ahnen nichts davon, wie ihre Gedanken jetzt zusammenfließen, wenn sie ihre Lebenserfahrung zu Papier bringen. Während Alain an der jungen Saar sitzt, umgeben vom jahrhundertealten Rauschen des Mühlbachs, blickt Wolfgang auf die erwachsene Saar, wo der kleine Fluss bereits ein kleiner Strom ist, und setzt die letzten Worte seines neuen Buches aufs Papier: ›Das Rauschen ist mir anvertraut‹.

Zweiter Teil

Geheimes Land am Saarkanal

Von den großen Weihern ins Grenzland

Wege aus Wasser
Im Zwischenland

Der Landstrich, in den die Saar nun eintaucht, lässt sich am ehesten erfahren durch das, was er nicht ist. Seine gemächlichen Hügel erinnern nicht mehr an das waldige Bergland der Vogesen – eben jedoch würde man diese weiten Weizenäcker noch lange nicht nennen. Manche Ecke hier gehört zu Lothringen, manch andere zum Elsass; die Würfelspiele der Geschichte haben eine krakelige Grenze durch das Land gezogen, haben das eine Dorf auf die eine Seite verwiesen, das Nachbardorf auf die andere. Städte und große Namen sucht man vergebens, und so tun sich die Leute hier schwer, dem Fremden zu erklären, wo genau er sich befindet. Auch die Zeit verliert ihre Dringlichkeiten: Ob es nun ein Uhr ist oder drei – die Sonne steht hoch am Himmel, und wen kümmert die Stunde? Es ist Tag, solange es nicht Abend ist. Mit jedem Schritt auf dem Weg scheint auch die Landschaft sich einen Schritt weiter zu bewegen, gerade als trage man sie mit sich, umgelegt wie Kinder einen Reifen umlegen im Sommer zum Spiel; Schritt um Schritt wandert sie mit durch die Stille. Zwischen Hügeln flirrt die Luft über den Dächern eines Dorfes, eine halbe Stunde weiter flirrt sie noch immer. Die Baumgruppe von vorhin steht dort vorn erneut am Wegesrand, auch der Zaun war schon einmal da, die Bank, die Biegung, der Wegweiser mit gleicher Angabe. So gerät der Weg durch diesen schmalen Landstrich zu einer Reise in den Augenblick, zu einem sanften Rätsel um Zeit und Ort, einem Rätsel von hügeliger Schönheit, von der sich niemandem erzählen lässt, und so nennt sich dieser Streifen denn auch *le pays secret* – das geheime Land.

Unweit der Liebesinsel von Hermelange, gerade erst zum Fluss vereint, taucht die Saar ein in dieses Land – und damit unwiderruflich in die Welt der vom Menschen geschaffenen Wasserwege. Auf einem hohen Damm kreuzt hinter dem Dorf der Rhein-Marne-Kanal über sie hinweg, ohne das Flüsschen unten im Grund weiter zu beachten, dessen Wasser ihn speist. Auf einer Trogbrücke überquert er die Saar, nimmt die Straße gleich mit und schwingt sich in weiten Bögen den großen Weihern zu. Er durchquert auf einem Damm die Wasserfläche des *Etang de Gondrexange*, und mitten darin zweigt ein weiterer Damm ab, der ebenfalls einen Kanal einfasst. An dieser Kreuzung, hineingeschnitten in den Weiher von Gondrexange, beginnt ein Wasserweg, der von nun an stiller Begleiter der Saar sein wird: Der Saarkanal.

Im alten Haus
Lydia und Tony treffen die Welt

»*Never go to the village! Go to the ›Café du Port‹.*« Er sitzt an einem der kleinen Tische dicht bei der Tür. »*The whole world comes here.*« Wir sehen ihn an. Gerade sind wir vom Rad gestiegen, draußen regnet es in Strömen. Unter unseren Füßen bilden sich Pfützen. »*Come in!*«

Wer auch immer dieser Mann sein mag mit dem wilden weißen Bart und dem nicht weniger wilden weißen Haar – in einem hat er recht: Bei diesem Wetter macht wirklich jeder Halt, der hier vorbeikommt. Allein schon, weil das ausladende Dach draußen der einzige Unterstand ist weit und breit, wie gemacht für eine Pause im Trockenen. Bootsfahrer auf dem Saarkanal, Radler und Wanderer auf dem Treidelpfad, Camper von den Weihern, ein paar Leute aus dem Dorf – im *Café du Port* trifft sich so mancher. Aber gleich »die ganze Welt«? – »*Yes, sure!*«, lacht der Weißhaarige vergnügt und stellt sich vor: »*I'm Tony.*« Wir setzen uns zu ihm. Und – kaum eine Stunde darauf finden wir uns am Küchentisch wieder, zu Hause bei Tony, in einem uralten, von Efeu überwucherten Lothringerhaus, nur ein paar Minuten vom Saarkanal entfernt. »Lydia, Gäste! Aus dem Café!« – Eine kleine Frau kommt die Treppe herunter, eilt auf uns zu und begrüßt uns mit strahlenden Augen. Sie wirkt keine Sekunde überrascht. Lydia sucht Tassen aus dem Schrank und setzt den Wasserkessel auf den Herd. Tony stammt aus England, »nördlich von Manchester, südlich vom Lake District«, seine Frau Lydia ist in Mittersheim geboren. Im Sommer leben sie hier am Saarkanal, im Winter zieht es sie auf die Insel. »Wir lernen gern neue Leute kennen«, erzählen sie. Einen Radler aus Leicester, den sie im Café trafen, nahmen sie gleich über Nacht mit nach Hause. »Er wollte nach Athen und brauchte ein Bett. Und er hatte Zeit. Wir haben den ganzen Abend erzählt«, erinnert sich Lydia.

Ihr altes Haus am Ortseingang von Mittersheim stammt aus dem Jahr 1807 – und die beiden haben nicht viel daran verändert. »Das Haus erinnert mich an meine Eltern. Hier fühle ich mich ihnen nahe«, sagt Lydia. Wilder Wein umrankt die alten Mauern und scheint fest entschlossen, das Haus komplett zu umschließen, es zu verbergen vor den Blicken der Welt. »Nur noch ein paar Jahre …«, murmelt Tony. Hin und wieder schneiden sie Tür und Fenster frei. Auch die sind noch original – und ziemlich zugig. »Im Winter sind wir sowieso in England. So sparen wir Heizkosten. Und müssen das hier nicht modern machen.« Beim Wort ›modern‹ rollt er die Augen. Den schweren, gusseisernen Herd befeuern sie mit Holz. Lydia nimmt den pfeifenden Wasserkessel herunter und gibt Kaffeepulver in die Tassen.

Einmal hatten sie eine Südafrikanerin zu Gast – sie kam im Jahr darauf gleich wieder. »Oder der Radler aus Schweden, weißt du noch?« – »Ja, oder die junge Frau aus Holland, die mit dem Rad auf dem Weg war nach Israel und dort in einem Kibbuz arbeiten wollte!« Im Regal, bei den Büchern, stehen Briefe und Karten ihrer vielen Gäste.

Und auch das Paar selbst ist weit herumgekommen. Dreißig Jahre lang arbeitete Tony in einer Schuhfabrik. »Eines Tages fragte ich mich: Ist das alles, was du in deinem Leben machen willst? Schuhe? – Und ich wusste die Antwort sofort: Auf keinen Fall. Ich wollte die Welt sehen!«

Er drückt nochmal die Schulbank, holt die Qualifikation für die Universität nach, studiert Soziologie und Psychologie – und geht dann als Englischlehrer erst in die Türkei, dicht an die Grenze zum Iran und Irak, später nach Saudi-Arabien. »Dort habe ich Offiziere unterrichtet. Sie brauchten Englischkenntnisse für ihre Manöver mit den Amerikanern.« Im Jemen unterrichtet er an der Universität, später geht er nach Südkorea. »Die Asiaten sind so wissbegierig«, erinnert er sich. »Ich musste alles ganz genau erklären und sie haben jedes Wort aufgeschrieben und wiederholt, bis sie es wirklich konnten.«

Später, als wir aufbrechen und uns verabschieden wollen, bleibt Lydia im Treppenhaus stehen. Sie zieht ein Buch aus dem Regal und drückt es uns in die Hand. *Moselle plurielle* – der Autor zeigt, was die Widersprüche dieser Gegend zu einer Einheit verfugt. Er spricht von der fünfzehn Jahrhunderte alten Sprachgrenze, von der »vermeintlich erblichen« Feindschaft der Nationen in der *pays d'entre-deux*: »Ein Landstrich dazwischen, ein Land des Übergangs, eine Mischung aus Besonderheiten: Der französischsprachige Osten, das Land der Mirabellen, des Jaumont und des Eisens – und der deutschsprachige Westen, das Land der Quetsche, des rosafarbenen Sandsteins und der Kohle.«

»Nehmt das Buch mit. Ihr könnt es irgendwann zurückbringen«, sagt Lydia. »Ihr kommt ja sowieso wieder.«

Refugium für Reisende

Francine und das ›Café du Port‹

Zurück im Café am Saarkanal. Der Regen hat aufgehört. Radfahrer hängen ihre Jacken zum Trocknen über die Lenker, ein paar Wagemutige sitzen schon in kurzen Hosen draußen auf der Terrasse. Die Wirtin tritt aus der Tür, auf dem Tablett Getränke und Snacks.

Drinnen am Tresen erinnern Fotos aus mehr als zehn Jahrzehnten daran, wie dieses Café entstand. »Das hier ist die älteste Aufnahme, die es gibt.« Francine deutet auf eine vergilbte Postkarte aus dem Jahr 1903. »Meine Großeltern hatten hier schon ein Restaurant.« Auf dem Kanal herrschte damals noch reger Verkehr. Schiff um Schiff kam vorüber, in Schrittgeschwindigkeit, beladen mit zweihundert, dreihundert Tonnen Fracht, kaum die berühmte Handbreit Wasser unterm Kiel in der flachen Fahrrinne. Kohle und Koks für die Salinen Lothringens schleppen die Schiffe den Kanal hinauf, zu Tal fahren sie Kalkstein und Kalk, Eisenerz, Schlacke, Sandstein, Kies sowie das Salz aus den Salinen. Schwere Pferde gehen im Geschirr, belgische Kaltblüter, sie stemmen die Hufe in den Sand des Uferwegs. Schritt für Schritt ziehen sie Schiff und Fracht durch die Fahrrinne. Es geht langsam und stetig, stetig und schwer: Keinen Atemzug lang dürfen die Seile durchhängen. Ist das Schiff erst einmal in Bewegung, muss es immer weiter. In langer Reihe kommen die Pénichen so den Kanal herauf und herab. Nur ab und an hallen die Rufe der Männer über das Wasser, die Pferde schnauben. Es ist ein stilles, mühsames Geschäft.

Sind die Pferde erschöpft von der Arbeit oder hat die Armee sie geholt für einen der Kriege, hängen sich die Schiffsleute auch einmal selbst ins Geschirr. Auf den alten Bildern sieht man sie – die Arme verschränkt, den breiten Riemen um den Oberkörper gezurrt, das schwere Seil am Rücken verknotet, im Bogen läuft es zum Kahn hinüber. Wie Gefesselte liegen sie im Geschirr, weit nach vorn gebeugt, sie stemmen sich gegen das Schiff und die Strömung und die Tonnen der Fracht. Die wertvolle Fracht. Alles hängt von ihr ab. Das Einkommen der Familie, die teuren Raten für das Schiff, die Reparaturen; jeder Schritt im Geschirr ist ein kleiner Schritt Zukunft für die Schiffsleute. Von Schleuse zu Schleuse schleppen Mensch und Tier so ihren Kahn, die immer gleiche

Strecke hinauf und hinab. Siebenundzwanzig Staustufen, fünfundsechzig Kilometer sind es von den großen Weihern bis ins Grenzland.

Wer das Geld hat, aber keine eigenen Zugtiere, kann sich einen Halfen nehmen – einen Kanalbauern, der seine Pferde einspannt, bis zum nächsten Halfenhaus, zum nächsten Pferdewechsel oder, mit Glück, gleich bis zum Kohlenhafen. Die Halfen, die ›Halben‹ hat die Schleppschifffahrt hervorgebracht: Kleinbauern, die zur Hälfte von der Landwirtschaft leben und zur anderen Hälfte von der Lohntreidelei. Sie gehen mit den Schiffen, die Kosten für ihre Unterkunft und die ihrer Pferde trägt der Schiffseigner. Im Sommer gehört jede wache Stunde der Arbeit. Vierzehn, sechzehn Stunden treideln sie über Saar und Saarkanal, der damals noch Saarkohlekanal heißt. Zur Nacht kehren sie ein in Gasthäuser mit Schlafstuben und Stall fürs Vieh; die Halfenschenken und Halfenhäuser finden sich in vielen Dörfern am Leinpfad.

Die Schiffsleute leben auf ihren Schleppkähnen, zusammen mit dem Vieh. Die Pénichen bieten Platz, ihr Maß ist vorgegeben durch die französischen Schleusen. Kastenförmig sind die Schiffe gebaut, knapp vierzig Meter lang und fünf Meter breit, schwimmende Tröge mit stumpfem Bug, ohne Motor, ohne Schraube. Ein einfaches Ruder genügt, die besseren haben einen Unterstand für den Schiffsführer, der bei jedem Wetter an Deck steht. Mittschiffs liegt der Stall für die Pferde, er bildet den einzigen Aufbau dieser gedrungenen Arbeitsschiffe, neben dem umlegbaren Mast, an dem die Treidelleinen eingehängt sind. Die Familie lebt unter Deck.

Am *Café du Port* kommen sie alle vorbei, die den Kanal hochgehen bis nach Lothringen hinein und wieder hinunter an die Saar. In der Weile, während der das Schiff vorüberzieht oder an der Schleuse wartet, bleibt Zeit. Zeit, dass jemand hineingeht und Bier holt, Proviant, Neuigkeiten; Zeit für das eine oder andere Gespräch. Die Wirtshäuser sind Ankerplatz auch fürs Gemüt der Schiffer, die ihr ganzes Leben auf Fahrt verbringen.

Die alten Fotos zeigen fröhliche Szenen: Die Familie der Wirtsleute mit Hund auf der Treppe zum Café, die Schiffer im Sonntagsstaat auf ihren Pénichen, im weißen Kleid stehen Kinder an Deck. Bilder für die Kamera. Und doch: Stolz auf ihren Beruf spricht aus den Gesichtern der Schiffer, und noch etwas anderes leuchtet aus diesen Aufnahmen. Sie, die sich für Schiff und Fracht tagtäglich krummlegen, sie stehen aufrecht und blicken geradeheraus in die Linse des Fotografen. Das Leben auf dem Schiff ist hart, aber es macht frei.

In den Dreißigerjahren löst der Traktor nach und nach die Pferdegespanne ab, auf dem Acker ebenso wie am Kanal. Die Plackerei für Mensch und Tier ist vorüber, es geht schneller, und vor allem: Keine Pferdewirtschaft mehr an Bord und keine Halfen, von deren Diensten alles abhing. Tag für Tag erfüllt nun das Stampfen der schweren Einzylinder-Diesel die Gegend am Kanal, ein Dunst aus Öl und Abgas verdrängt den erdigen Geruch der Zugtiere. – Im Krieg geht es noch einmal zu Pferd und zu Fuß, und dann, in den Fünfzigerjahren, kommt der Diesel an Bord. Die ersten Pénichen werden motorisiert. Der eigene Antrieb bringt noch einmal mehr Geschwindigkeit, und er macht Schiff und Schiffer unabhängig vom Land. Keine Leinen mehr zum Pfad am Ufer, kein langwieriges Umspannen mehr beim Überholen und Passieren. Die Pénichen sind frei.

Jetzt schlägt das Pochen des Diesels unter Deck den Rhythmus für die Arbeit und das Leben an Bord. Maschine und Tank brauchen Platz, die Wohnung wandert aus dem Rumpf in einen flachen Aufbau am Heck – endlich frische Luft. An Land kehren die Halfen zurück auf ihre Äcker, auch viele der Halfenhäuser an Saar und Saarkanal schließen.

Mitte des zwanzigsten Jahrhunderts verliert der Kanal seine Bedeutung für die Güterschifffahrt. Statt der Frachtschiffe kommen immer öfter die Freizeitkapitäne mit ihren Sport- und Hausbooten. Und seit der Treidelpfad zum Radweg ausgebaut wurde, kommen auch die Radfahrer. Die Strecke am Kanal entlang ist Teil einer europäischen Radwanderroute, die von London über die Alpen bis zur Südspitze Italiens führt.

Das kleine Café am Hafen von Mittersheim bleibt. Bis zum endgültigen Aus der Frachtschifffahrt auf dem Saarkanal versorgt Francines Familie die Schiffer, und sie selbst schließt auch jetzt noch, wo sie eigentlich schon im Ruhestand ist, an drei Monaten im Jahr das Café auf. Wenn im Sommer die Touristen kommen, zapft Francine hier das Bier, bringt Snacks auf die Terrasse, schiebt Flammkuchen und Pizza in den Ofen, verkauft den Kindern Eis am Stiel.

Es geht gesellig zu im Café. Boote kommen über den Kanal und legen im Hafen an. Radfahrer steigen ab und machen Pause – froh über den Schatten unterm Dach oder auch, je nach Wetter, über das Plätzchen im Trockenen. Sie gehen duschen, füllen ihre Wasserflaschen, ziehen vielleicht nochmal eine Schraube nach an ihrem Rad – eine Säule mit Werkzeug steht für sie bereit. Von den Campingplätzen und den Ferienhäusern am See finden die Camper hierher auf ein Eis, einen Plausch beim Kaffee, einen frühen Wein am Abend. Mit vielen ihrer Gäste ist Francine auf Du und Du. So mancher kommt in jedem Sommer wieder, wie hundert Jahre zuvor die Schiffer und Treidler.

Unten am Wasser schlendert ein Mann die Kaimauer entlang. In seiner dunklen Jacke, mit dunkler Anzughose und eleganten Lederschuhen, hebt er sich deutlich ab von den weißen Poloshirts der Bootskapitäne und den knallbunten Funktionsjacken der Radler. Er bleibt stehen, legt die Hände auf dem Rücken zusammen und schaut den Kanal hinauf. Sein Blick wandert über die Anleger der Marina, an denen weiße Motorboote liegen, über die Kinder auf dem Spielplatz, die abgestellten Fahrräder, den Grillplatz unterm großen Dach, die Wohnmobile an der Einfahrt, die Gäste auf der Terrasse des Cafés. Ein kleines Lächeln legt sich auf sein Gesicht, und er setzt seinen Spaziergang fort.

Die Kohle der Zukunft
Alfred baut einen Hafen

Sie gehen gerne hier spazieren, an ihrem Kai, wenn die Boote und die Fahrräder den Kanal entlangkommen und neue Gäste bringen von nah und fern. Wir treffen Alfred und seine Frau Michèle am Bootsanleger. Die Wurzeln ihrer Familie verbinden sich seit Generationen mit dem Kanal. Michèles Urgroßvater war selbst noch mit dem Treidelschiff unterwegs, tief ins Land hinein bis nach Paris.

Und Alfred ahnte bereits früh: Nach der Kohle würden die Touristen kommen, *au fil de l'eau* – immer dem Wasser nach. Nach den großen Frachtschiffen die kleinen Sport- und Hausboote, nach den schweren Kaltblütern die Radler mit leichtem Gepäck auf dem alten Treidelpfad. Für die Touristen braucht man keinen großen Kohlenhafen – dafür aber eine kleine Marina, ein Dach über dem Kopf zum Rasten und für schlechtes Wetter, einen Grillplatz, Waschräume, Sport- und Spielgeräte, Fahrradwerkzeug. Alfred stand es förmlich vor Augen, was man aus dem alten Mittersheimer Anleger alles machen konnte. Das Café war ja schon da, die Schleuse, die Kaimauer. Und die Campingplätze am See.

Als Michèle und Alfred sich Mitte der Sechzigerjahre kennenlernen, arbeitet er als Lehrer, sie als Sekretärin. Sie heiraten, Alfred wird zum Bürgermeister von Romelfing und zum *Conseiller général de Moselle* gewählt. Jahrelang wirbt er für seine Idee eines neuen Hafens am Kanal, überzeugt nach und nach die Kollegen in der kleinen und großen Politik. Seit Jahrzehnten war es da schon still geworden um den Kanal und seine Weiher. Lecks, defekte Schleusen und viele andere teure Probleme drohten nicht nur das Wasser, sondern auch den gerade erst aufkeimenden Tourismus versiegen zu lassen.

Viele Generationen lang war die schmale Wasserstraße Lebensader der ganzen Region gewesen. Schon Napoleon hatte die Idee skizziert: Nach Jahrhunderten der Flößerei und der Pferdefuhrwerke sollten große Treidelschiffe transportieren, was seine Fabriken am dringendsten brauchten. Doch erst lange nach Napoleons Zeit, mit einem Staatsvertrag zwischen Deutschland und Frankreich im Jahr 1861, wird der Plan Wirklichkeit. Vier Jahre lang graben Tausend Hände die fünf Meter schmale Fahrrinne durchs hügelige Land, erweitern natürliche Fischweiher wie den *Etang de Gondrexange*, legen den *Etang du Stock* neu an, verbinden den *Etang du Mittersheim* mit dem neugebauten Kanal. Große Pumpen versorgen den Kanal auch in trockenen Sommern mit Wasser aus diesen Weihern. Siebenundzwanzig Schleusen müssen gebaut werden zwischen Gondrexange und Sarreguemines. Auf der deutschen Seite sind es noch einmal drei Schleusen, ehe der Kanal wieder in den Fluss mündet. Schleusenwärter kurbeln von Hand die Wehre und Ventile auf und zu, schleusen die Schiffe ein und aus. Sie leben mit ihren Familien das ganze Jahr über in kleinen Häusern direkt am Kanal.

Das Maß der Schleusen – die Länge, Breite und Tiefe der Schleusenkammern – legte im neunzehnten Jahrhundert der französische Ministerpräsident Charles de Freycinet fest. Mit der nach ihm benannten Freycinet-Péniche schuf er die Norm der gesamten damaligen Binnenschifffahrt.

Doch schon wenige Jahre nach seiner Fertigstellung bekommt der *Canal des Houillères de la Sarre* – der Saarkohlekanal, wie er damals heißt – eine starke, schnelle Konkurrenz: Die Bahnstrecke von Sarreguemines nach Sarrebourg wird 1869 eröffnet. Auf der deutschen Seite steht die Strecke von Trier nach Saarbrücken da schon seit neun Jahren unter Dampf. Nach und nach verlagern sich die Transporte vom Wasser auf die Schiene. Immer tiefer dringt die Eisenbahn in die französischen und deutschen Industriezentren vor, die Bedeutung der Schleppschifffahrt geht stetig zurück.

In der zweiten Hälfte des zwanzigsten Jahrhunderts kehrt endgültig Ruhe ein auf der kleinen Wasserstraße entlang der jungen Saar. Nur noch fünfundzwanzigtausend Tonnen jährlich transportiert der Kanal, nach fast zwei Millionen Tonnen Fracht im Rekordjahr 1926. Statt der Péniches kommen nun immer mehr Freizeitschiffer. 1978 zählen die Schleusenwärter noch fünfunddreißig Sport- und Hausboote, 1998 schon weit über zweitausend. Die Schleusen werden nach und nach automatisiert – per Funk bedienen nun die Sportbootkapitäne selbst die Tore. Die Häuschen der Schleusenwärter werden nicht mehr gebraucht. Nach und nach werden sie verkauft, ihre neuen Bewohner genießen die malerische Lage am Kanal. Der alte Treidelpfad wird Stück für Stück zum Fahrradweg ausgebaut. Der Tourismus, Alfred hat das früh erkannt, ist die Kohle der Zukunft.

Zu Hause hat er Karten, Pläne, Broschüren und Fotos gesammelt aus der Zeit, als es galt, alle Beteiligten zu vereinen hinter dieser Idee: ›Marina Mittersheim‹. – Das hat Klang, auch auf Französisch. Und Alfred lässt nicht locker, er schreibt Anträge, hält Reden, überzeugt Kollegen. Ganz hinten in Alfreds dickem Aktenordner ist das Werk vollbracht. Zeitungsberichte und Fotos halten die feierliche Einweihung fest, auf den Bildern steht Alfred im Kreise vieler anderer Amts- und Würdenträger. Man sieht ihm an, wie sehr er sich freut. Seine Idee wird Wirklichkeit – nach Jahrzehnten politischer Überzeugungsarbeit. Denn schließlich: Was wäre diese Gegend ohne den Kanal? – Alfred blickt auf von den Karten, Plänen, Fotos. »Diese Gegend, ohne den Kanal?« – Er muss keine Sekunde nachdenken: »*Plus rien!*«

Es ist ein ›Nichts‹, das sich in Weizenfeldern wiegt, in Weihern, Wald und Weite; und durch dieses hügelige Nichts sucht sich, nur ein paar Minuten von Mittersheim entfernt, ein kleiner Fluss seinen Weg.

Altes Handwerk, altes Land
Roger und die letzte Mühle an der Saar

Hügel um Hügel erklimmt die schmale Landstraße, ein gemächliches Auf und Ab in der Weite der Kornfelder. Schläfrig katholisches Land, das alte Lothringen, Kreuze aus rotem Stein wachen am Weg. Hier fleht einer für die Seele des verstorbenen Ahnen, dort dankt ein Kirchspiel für die Errettung vor der Pest. Zur Rechten mäandert die Saar durch Wiesen und Felder, dichtes Schilf verbirgt ihre Ufer, gelegentlich weicht sie einer Baumgruppe aus. Sie durchquert mittelalterliche Dörfer und eine Landwirtschaft, die diese Gegend seit Jahrhunderten prägt. Zur Linken zerschneidet der Saarkanal in großen Bögen das Land. Noch wenige Kilometer, und die beiden werden sich zusammentun und, getrennt nur durch einen schmalen Deich, die letzte Etappe ihrer französischen Reise Seite an Seite zurücklegen.

Das Dorf döst in der Nachmittagssonne, tief hineingeduckt in die Hügel zwischen Saar und Saarkanal. Kaum schaut der gedrungene Kirchturm über die Dächer der Häuser hinaus. Am Ortseingang zweigt eine kleine Straße ab, dann ein Weg von der Straße. Er passiert Scheunen, Höfe, eingezäunte Weiden. Nichts regt sich in der Stille des Nachmittags. Noch ein Gebüsch, noch eine Kurve – und plötzlich, als hätte jemand ein Radio eingeschaltet, fernab jedes Senders, erfüllt ein Rauschen die Stille. Es schwillt nicht an, es ebbt nicht ab; es schwebt in der Luft, als wäre es Teil von ihr – ein hellgraues, feines, kraftvolles Rauschen, alt und stetig. Wir stehen vor der Mühle Willer.

»Je langsamer das Korn gemahlen wird, desto besser ist nachher der Geschmack im Mehl!« Roger fegt Mehlstaub aus einem Schacht, in dem zwei stählerne Walzen ineinandergreifen und sich langsam drehen. Er fasst nach einem Treibriemen aus dickem Leder, der durch einen Spalt in der Decke die Kraft ins nächste Stockwerk überträgt, prüft mit dem Auge seinen Lauf, horcht auf ein Quietschen aus einem der Getriebe. Das Rauschen des Mühlbachs dringt gedämpft herein, unter den Holzbohlen stampft und rattert das Räderwerk der Mühle.

Die letzte Wassermühle an der Saar dreht sich schon seit vielen Generationen. Von seinem Großvater lernte Roger das Handwerk. »Er stand noch mit sechsundachtzig

Jahren in der Mühle, und ich als kleiner Bub war immer dabei.« Ganze Tage verbrachte Roger in der Mühle, sah seinem Großvater bei der Arbeit zu, schaute ihm die Handgriffe ab, lernte die Maschinen kennen und auch, wie man sie pflegt und repariert – und natürlich, wie man das Korn mahlen muss. Als er die Mühle übernahm, war er noch keine zwanzig Jahre alt.

»Über achtzig Mühlen gab's einmal auf der Saar.« Er sagt es im Dialekt des Krummen Elsass, einem trockenen Rheinfränkisch, irgendwo zwischen Französisch und Deutsch. »Als ich Kind war, waren es noch elf. Und heute … tja. So geht's.«

Ein dumpfer Schlag fährt durchs Gebälk. Ein Arbeitsgang ist getan, neues Korn rutscht in die Trichter ganz oben unter dem flachen Dach. Die Mühle arbeitet weitgehend selbsttätig. Moderne Steuertechnik sucht man dennoch vergebens – hier ist altes Wissen am Werk, altes Handwerk in einem alten Land: Jahrhunderte der Erfahrung sind in die Mechanik der Mühle eingeflossen. Lange vor Kohle und Dampfmaschine, Erdöl und Dieselmotor, viele Jahrhunderte bevor die Industrie den Saarkanal durch die hügelige Landschaft trieb, floss hier schon die Saar durch die Kornfelder und versorgte die Menschen mit ihrem Wasser und mit ihrer Kraft. Seit fast fünfhundert Jahren staut das Mühlwehr bei Harskirchen die Saar zu einem kleinen Weiher an. Es gibt den schmalen, schnellen Mühlbach frei, der unter dem hohen Wasserrad hindurchströmt und es in wirbelnden Lauf versetzt. Armdicke Lederriemen übertragen im Inneren der Mühle seine Kraft auf das Mahlwerk, die Rüttelsiebe, das Becherwerk und viele andere Aggregate. Im Jahr 1921 ersetzte Rogers Urgroßvater die ursprünglichen Mühlsteine und das Holzgetriebe durch ein modernes Mahlwerk mit stählernen Walzen. Die Mühle wuchs um zwei Stockwerke in die Höhe. Ein Paternoster-Aufzug fördert seitdem das Korn von den Silos in die Trichter unterm Dach. Von Etage zu Etage wandert es dann abwärts, Spelzen und Kleie werden ausgesiebt, feiner und feiner wird das Korn gemahlen. Insgesamt vier Mal durchläuft das Mahlgut die fünf Stockwerke der Mühle, Becherwerke transportieren es immer wieder hinauf. Bis zu fünfzehn Stunden dauert ein kompletter Durchgang, und jedes Mal zerkleinern die stählernen Walzen es weiter: Vom Korn zum Schrot, vom Schrot zum Grieß, vom Grieß zum Dunst, vom Dunst zum Mehl.

Ersatzteile für die alten Maschinen gibt es längst nicht mehr. Roger braucht sie auch nicht. »Es geht nie etwas kaputt. Und wenn, dann sind es Kleinigkeiten, die kann ich immer selbst reparieren.« Nur die Walzen, die das Korn mahlen, müssen von Zeit zu Zeit nachgeschliffen werden. Dann hängt Roger den Flaschenzug an den Deckenbalken und baut sie aus – bis zu dreihundert Kilo wiegt eine Walze. Der Müller hat nur wenig verändert an der Mühle. Einige Tropfflaschen hat er aufgehängt, sie geben in regelmäßigen Abständen etwas Öl auf Lager und Getriebeteile. Und vor einigen Jahren hat er einen Generator eingebaut. »Unseren Strom machen wir jetzt selbst.« Ein Klacks für die Mühle, deren dreißig Pferdestärken Tag und Nacht das Räderwerk drehen. Nur eines kann die stoische Kraft des Mühlrads stoppen: Laub. »Im Herbst muss ich den Mühlgraben gut sauber halten. Blätter und Äste – wenn die sich festsetzen, dann versiegt das Wasser und das Mühlrad steht.«

Bis zu zweihundertfünfzig Tonnen Weizen verarbeitet Roger im Jahr – das ist viel für die kleine, alte Mühle. Im Vergleich zu den Halden industriell hergestellten Mehls auf

dem europäischen Markt nimmt es sich aus wie ein Häufchen. Doch Rogers Kunden wissen seine Arbeit zu schätzen. Das Korn liefern ihm Bauern aus der Umgebung, das Mehl in den weißen Säcken mit dem markanten blauen Faden verkauft er an Bäckereien, Restaurants, Supermärkte und Privatleute. »Es ist alles von hier. Hier wächst das Korn, hier wird's gemahlen, hier wird's gebacken. Und hier wird's gegessen!«

Am Abend schiebt Roger große Buchenholzscheite in den Ofen, drüben, in dem niedrigen, langstreckten Bau neben der Mühle. »Immer gut vorheizen! 180 Grad!«, ruft er. Die Flammkuchen backen direkt neben der Glut im Ofen. »Es braucht nicht viel: Gutes Mehl. Der Teig, von Hand gemacht. Guter Speck. Und gute Sahne.« Vor dreißig Jahren hat er sein Flammkuchenrestaurant eröffnet. Dunkles Holz, karierte Tischdecken, schummeriges Licht, ein kräftiger Wein – an den Wochenenden, wenn Roger den Ofen anfeuert, kommen nicht nur die Nachbarn aus dem Dorf. Für einen Flammkuchen bei Roger lassen sogar Gäste aus Metz und Nancy alle anderen Restaurants links liegen. Im Sommer ist die *Auberge du Moulin* bis auf den letzten Platz besetzt.

Als wir ein anderes Mal wiederkommen, ist Roger in nachdenklicher Stimmung. Während der Woche steht er in der Mühle, mahlt das Korn und kümmert sich ums Geschäft – einkaufen, ausliefern, Kundengespräche. Am Wochenende arbeitet die ganze Familie bis spät nachts im Restaurant.

»Früher hat die Mühle einmal zwei Großfamilien ernährt. Heute reicht es für uns gerade so eben.« Wie wird es weitergehen? Sein Sohn ist in der Mühle aufgewachsen, wie Roger selbst. Vormittags fährt er zur Arbeit, nachmittags packt er mit an. Er kennt das Handwerk, das Geschäft, die Kunden. Ob er den Betrieb einmal übernimmt? »Tja … kann man das jungen Leuten heute noch empfehlen?« Wir stehen im Tor der Mühle. »Niemand weiß, was kommt.« Er zuckt die Schultern.

Er dreht sich halb um und zeigt auf den Durchgang. »Mein Hund – wenn ich weggefahren bin, Mehl ausliefern … da hat er sich immer hingelegt. Und wenn ich wiederkam, lag er immer noch da. Er hat jedes Mal auf mich gewartet. Und jetzt – … tja. So kann's gehen.« Er sucht nach Worten. »So ein Hund – …« Seine Hände verharren in der Luft. Hände, die untrüglich erahnen, wo die alte Mühle wieder einen Tropfen Öl braucht. Die mit sicherem Griff den breiten Lederriemen auf das wirbelnde Räderwerk legen. Die im einen Moment den schweren Mehlsack fassen und im nächsten beinahe zärtlich das blaue Garn in die Sacknähmaschine fädeln. »Mein Hund war – …« Der Moment dehnt sich. Der Mühlbach rauscht. Das Mahlwerk stampft. – »Er war ein Freund.«

Das Rauschen nimmt seine Worte auf. Es trägt sie übers Wehr und unters Rad, hinaus in die Strudel des Mühlbachs. Er fließt in die Wiesen, kommt zur Ruhe, findet in Windungen seinen Lauf. Leiser und leiser werden das Rauschen und das Klappern. Grillen zirpen. Ein Vogel singt im Baum. Der Mühlbach wird zum Wiesenbach. Einmal noch windet er sich um ein Gebüsch, dann taucht er ein in die Stille der Saar.

Noch ein, zwei Flussbiegungen sind es von hier bis zur Stadt, dann fließen Saar und Saarkanal Seite an Seite. Und Seite an Seite verlassen sie das geheime Land.

Rivalen, Nachbarn, Gleichgesinnte
Im Grenzland

Noch ein Mal ein verschlafenes Schleusenwärterhäuschen auf der Landzunge zwischen Saar und Saarkanal – dann kreuzen Schnellstraßen das Wasser, Hochhäuser und Fabrikhallen ragen am Ufer empor. Doch so unmittelbar er sich einstellt, so rasch vergeht er auch wieder, dieser Anschein pulsierender Moderne. Beim Näherkommen schrumpft die Stadt auf menschliches Maß. Hausboote dösen am Kai, Mosaiken in der Jugendstilfassade des Casinos erinnern an die Zeit der Steingutfabrikanten. Wo einst Kohl und Kartoffeln wuchsen im Arbeiterviertel *Cité ouvrière*, stehen nun Malven und Rosenbüsche vor restaurierten Siedlungshäusern. Von hier aus ist es nur ein Fußweg bis zur Fayencerie am Ufer. In ihren Ruinen blüht ein wildschöner Garten. Auf der anderen Saarseite das Rund eines letzten gemauerten Keramik-Ofen aus der goldenen Zeit, versteckt zwischen Hochhäusern, Zeugen der Wohnungsnot jüngerer Jahrzehnte.

Hier an der Grenze näht die Saar seit Jahrhunderten die Gegensätze zusammen. An ihren Ufern hat sie Reiche wachsen und zerfallen sehen – die Kelten waren hier, die Römer, die Merowinger und die Karolinger, Lothar und Napoleon; Frankreich, Preußen, Deutschland. Die großen und die kleinen Herrscher und ihre Völker – sie alle bauten ihre Siedlungen an der Saar. Und oft genug ging es gegeneinander: Wo zwei das gleiche Wasser teilen, da kann es leicht geschehen, dass der eine meint, der andere grabe ihm zu viel davon ab für seine Mühlen, seine Wiesen, sein Vieh. Schon zu römischer Zeit gab es ein Wort für den Nachbarn am Fluss: Rivale.

Heute ist es an der Saar friedlich wie selten zuvor. Ein paar Kilometer weit gehört das Wasser beiden Staaten, die Grenze verläuft in seiner Mitte – versenkt an der tiefsten Stelle. Auch an den Ufern findet sich kaum eine Spur von ihr. Nur hören lässt sie sich: Links der Saar grüßen die Leute auf Französisch, rechts von ihr auf Deutsch.

Sarreguemines, das ist ein Sonntagabend: Einmal noch die Augen schließen vor der nahenden Woche, ein letztes Stündchen freie Zeit, ein wenig Schönheit noch! – Drei Schleusen sind es noch von hier, dann vereinen sich endgültig Saar und Saarkanal. Die Grenze biegt ab ins Binnenland. Frankreich entschwindet dem Blick. Die Saar geht an die Arbeit.

Dritter Teil

Schiffe, Schrott und Schlote

Durchs Tal der Industrie

Pénichen für Napoleons Kanäle

Franz, Hans, Theodor und die letzte Werft an der Saar

Er steht auf dem Deck des alten Schiffes – kariertes Hemd, Wollpullover, blaue Arbeitsjacke –, vor sich zwei schuhkartongroße Kästen aus Metall. Drähte schauen daraus hervor, ein Drehschalter, Knöpfe. »Mein Bruder, der hätte das gekonnt«, sagt er stirnrunzelnd. »Der hat sich sein Leben lang in die Elektrik reingefuchst! – Naja. Krieg' ich schon hin. Erst mal Kaffee.« Er legt die Kästen weg.

Wir folgen Theodor übers Deck, mit einem großen Schritt aufs nächste Schiff, behände gleitet er die Leiter am Rumpf hinunter, geht schnellen Schrittes über eine schmale Planke hinüber auf die Slipanlage. Wir balancieren hinterher, durch eine Landschaft aus rostigem Stahl. Schiffsrümpfe in jedem Stadium des Verfalls dümpeln nebeneinander am Ufer der Saar, weiter oben auf der Werft liegt eine Péniche mit aufgerissenem Bauch, dahinter Seecontainer, flache Baracken, große Maschinen – und Brombeergebüsch, das alles überwuchert, was seit Generationen stillstehen mag. Der schlanke Ausleger eines Kranwagens, Hundert Jahre jünger als alles, was er hier an den Haken hängen kann, ragt aus dem Stahlgewirr empor.

Wer von Frankreich aus die Saar hinunterkommt, der sieht die Werft am Ufer liegen, direkt unterhalb von Sarreguemines, auf der deutschen Seite. Péniche an Péniche, Bäume wachsen aus einem rostdunklen Rumpf hervor – ein verlassenes Stück Welt, halb schon der Natur zurückgegeben, als hätte jemand hier vor Generationen seine Schiffe geparkt und dann vergessen, wo der Ort noch gleich war. Im stillen Spiegel der Saar steht die Welt an ihren Ufern Kopf. Auch von der Landseite weist kein Schild hierher, keine Straße führt aus dem Dorf zum Gelände hinunter – lediglich ein schmaler Weg windet sich durchs Gebüsch, biegt hinter einem Container ab, umgeht einen Haufen rostiger Ketten tief im Dickicht, macht noch eine Kurve um einen Stapel alter Anker herum, dann steht da ein Briefkasten am Weg: *Schiffswerft Franz Wirotius*.

Mit sicherem Schritt steigt Theodor über Beton, Stahlseile und Brombeerranken – »Vorsicht hier bei den Kabeln, nicht stolpern!« – und eine Treppe hoch auf den nächsten Schiffsrumpf. »Sieht seltsam aus, oder? Doppelstockhaus, würde man an Land sagen.« Auf dem Wasser liegt ein Stahlkörper, der halb Haus sein mag oder auch halb Schiff.

»Wir haben zwei Pénichen aufeinandergestellt. Da vorn war der Bug, aber den haben wir weggemacht. War im Weg.«

Theodor öffnet die Tür und steigt eine schmale Treppe hinunter. Wir folgen ihm in die Unterwelt. Am Fuß der Treppe eine holzgetäfelte Diele mit Garderobe, von hier aus geht es ins Wohnzimmer, ins Schlafzimmer, in die Küche mit großem Tisch – alles in dunklem Holz gehalten, mit Messingbeschlägen, poliert, sauber, behaglich warm. Die Decken sind erstaunlich hoch, Licht fällt durch große Fenster herein. »Man vergisst glatt, dass man auf einem Schiff ist, oder?« Theodor grinst uns an. Er holt Tassen aus dem Schrank, zählt die Kaffeelöffel in den Filter. Vor den Scheiben ziehen Schwäne vorbei – der Wasserspiegel liegt knapp unterm Fensterbrett. »Manchmal klopfen die sogar an und wollen Futter«, erzählt Theodor. »Die wissen, wo die Küche ist! Ein anderes Mal hocken da auch schon mal Angler in ihrem Boot und gucken rein. Man guckt doch anderen Leuten nicht ins Fenster!« Er schwingt den Kaffeelöffel.

Die Tür geht auf, ein Mann kommt herein – kariertes Hemd, Wollpullover, blaue Arbeitsjacke. Theodors Bruder. Hans lebt mit seiner Frau Monika ein paar Meter weiter auf einer anderen Péniche. Das Doppelstockschiff bewohnt Theodor allein, seit die Mutter der Brüder verstorben ist. »Wir Schiffsleute kennen das nicht anders.« Seit vier Generationen lebt die Familie auf dem Wasser. »Auf dem Wasser, mit dem Wasser – und manchmal auch gegen das Wasser.« Alle zehn bis fünfzehn Jahre überflutet die Saar die Werft. »Danach sieht es dann wirklich aus, als wäre eine Bombe eingeschlagen!« Hans und Theodor blicken einander an. »Nasse Zeiten und trockene Zeiten wechseln sich ab. Das war immer schon so. Aber es ist extremer geworden.« An den Hochwasserständen auf der Slipanlage können sie das gut ablesen. Keine zwei Minuten von hier lässt die Saar Sarreguemines hinter sich, und direkt unterhalb der Stadt mündet die Blies, ihr größter Nebenfluss. Ab hier ist die Saar schiffbar. Und die Grenze, die ebenfalls bei Sarreguemines abbiegt, folgt ihrem Lauf. »Wenn Mutter ein Croissant wollte, nahm sie schnell das Boot und ruderte rüber nach Frankreich.« Er zeigt aus dem Fenster.

Was an Land so vor sich geht, beobachten die Schiffsleute leicht argwöhnisch. »Alles, was mit ›Haus‹ zu tun hat zum Beispiel … das klingt für uns nicht gut«, sagt Theodor. »Das kennen wir eigentlich nur als ›Krankenhaus‹«. Hans und Monika kommen gerade von einem Besuch bei Franz zurück, dem ältesten der drei Brüder. Seit einem Schlaganfall vor vielen Jahren lebt er im Pflegeheim. »Sah heute nicht so gut aus«, murmelt Hans. Franz, das war immer der Tüftler und Erfinder unter den drei Brüdern. Der mit den

Ideen. Der mit jeder Art von Technik klarkam, auch mit der Elektrik. Der immer einen Weg fand, wie man was bauen kann. – »Und Hans«, sagt Theodor, »ist der Mann am Schweißgerät. Ich kann erkennen, ob die Schweißnaht von ihm ist oder von mir. Dem macht keiner was vor.« Hans lacht. »Dafür bist du hier der Alleskönner. Der Spezialist an der Drehbank. Und der Geschäftsmann!«

Ihr Leben lang arbeiten die drei gemeinsam auf der Werft, wohnen gemeinsam auf ihren Schiffen. Das Handwerk haben sie vom Vater gelernt, und der wiederum von seinem. »Was man sonst noch braucht, bringt man sich selbst bei. Ich lerne bei jedem neuen Projekt etwas dazu«, sagt Hans. Zum Schiffbau kam die Familie per Malheur – ursprünglich waren sie Saarschiffer und treidelten Fracht über Flüsse und Kanäle. Im Jahr 1928 kamen der Vater und der Onkel der drei Brüder auf die Idee, einen Motor in ihr Holzschiff einzubauen – lange bevor die Pénichen motorisiert waren. Sie bauten das Schiff um – und als es auf Motor, Schraube und Ruder gehorchte, brachen sie auf. Die Brüder luden Stahlbleche in Völklingen, mit Ziel Lyon. Alles ging gut – die Schlepperei mit den Pferdegespannen hatte ein Ende, zügig und mit eigener Kraft liefen sie durch Flüsse, Schleusen und Kanäle. Doch dann wurde eine Brücke bei Chalon-sur-Saône dem kleinen Holzschiff zum Verhängnis. Die Schiffer steuerten den falschen Brückenbogen an, die vollbeladene Péniche lief gegen die Brücke, brach auseinander und sank. Anderthalb Jahre lang saßen die beiden Brüder daraufhin in Frankreich fest, in einem fremden Land mit fremder Sprache, und bauten sich ein neues Schiff. Diesmal aus Stahl, auf einem improvisierten Bauplatz, einer Wiese dicht am Flussufer. Als das Schiff fertig war, warteten sie auf Hochwasser, um es flott zu machen. »Die *Theodor* liegt heute noch da unten«, Theodors Hand mit der Kaffeetasse schwenkt Richtung Saarufer. »Das erste Schiff, das Vater und Onkel gebaut haben.« Zehn Jahre lang fuhren die beiden damals noch Fracht auf ihrem selbstgebauten Stahlschiff, dann kam der Zweite Weltkrieg. Güterverkehr nach Frankreich war nicht mehr möglich, die Saarschiffe wurden vom Militär beschlagnahmt, dienten als Behelfsbrücken, als Prahme für Arbeiten auf dem Wasser oder wurden versenkt – entweder durch Bombentreffer oder gleich von ihren Schiffsleuten selbst, um sie vor Zerstörung zu schützen.

Als der Krieg vorüber war, standen Amerikaner und Franzosen an der Saar – und auf dem Grund des Flusses lagen um die dreißig Péniches. Die Brüder Wirotius boten ihre Dienste an, hoben gesunkene Schiffe und machten sie an Ort und Stelle wieder flott – so, wie sie Jahre zuvor ihr eigenes Schiff direkt am Ufer gebaut hatten. »Mit ihrem selbstgebauten Schwimmkran, montiert auf zwei Péniches. Und mit viel Nachdenken,

viel Erfahrung und Geschick.« Die Werft war geboren – als mobile Pannenhilfe auf dem Wasser. Auf das Schiffeheben der Nachkriegsjahre folgte die Epoche der Motorisierung. Die Schiffbauer rüsteten Schleppschiffe um, bauten Lkw-Motoren und Schraubenantriebe in die Péniches ein. »Vater und Onkel haben nie eine Ausbildung zum Schiffbauer gemacht«, erinnert sich Hans. »Alles, was sie brauchten, haben sie sich selbst beigebracht. Tüftler mit viel Köpfchen. Autodidakten, würde man heute sagen.« – »›Fahrendes Volk‹ hat man die Schiffsleute früher gerne mal gerufen. Zum Dank. Oder gleich ›Saarfranzosen‹«, ergänzt Theodor. Schmeichelhaft war das nicht gemeint. Man brauchte die Schiffsleute. Aber ihre Freiheit gönnte man ihnen nicht.

Hans zeigt saarabwärts. »Den Kran da drüben hat unser Vater gebaut, später, als sie ihre Werft hier aufschlugen.« Nicht nur den Kran – die gesamte Werft in Hanweiler hat die Schifferfamilie aus alten Teilen selbst zusammengeschweißt. Zwei Eisenbahngleise führen in die Saar, auf ihnen ziehen sie die Schiffe an Land und lassen sie wieder zu Wasser. Der Kran ragt über die stumpfen Rümpfe am Ufer hinaus. Seine Seilzüge, die Winde, der Motor, alles ist von Brombeer überwuchert – aber frisch geölt. »Die Seilwinde ist das Herzstück der Werft. Wenn wir die anlassen wollen, müssen wir hier immer erst mal alles freischneiden«, murmelt Theodor. »Hier sieht es aus wie auf einem Schrottplatz – aber alles funktioniert!« – Franz, Hans und Theodor sind von Kindesbeinen an auf der Werft mit dabei. Vom Vater und vom Onkel schauen sie sich das Handwerk ab, später übernehmen sie die Arbeit – und den Kundenstamm der Saarschiffer. Sechzig, achtzig oder noch mehr Jahre alt sind die Schiffe, die die Brüder wieder herrichten. Als die Berufsschifffahrt mit den Péniches fast gänzlich untergeht, als große Schubverbände, Eisenbahn und Lkw das Geschäft übernehmen, bleiben die kleinen Kanalschiffe übrig. An der Schiffsruine auf der Helling nagt Tag für Tag der Brennschneider. Die Péniche zerfällt zu Stahlplatten. Die verkaufen die Brüder als Altmetall an die Völklinger Hütte, wo die Hochöfen neuen Stahl aus dem alten kochen. »Das macht keine große Freude«, sagt Theodor. »Das Abwracken. Aufbauen, das ist unser eigentlicher Beruf … Aber was sollen wir machen? Die Zeit mit den Schiffen ist vorbei. Und der Stahl bringt gute Preise.«

Immerhin – ein paar letzte Pénichenschiffer gibt es noch auf der Saar. Die drei Brüder sind auch Reeder. Drei Frachtkähne haben sie derzeit auf großer Fahrt, verpachtet an die Schiffsführer und regelmäßig unterwegs auf den französischen Kanälen, bis ans Mittelmeer hinunter, gut tausend Kilometer entfernt. Das Schiffsmaß der Péniches eignet sich nach wie vor für die alten Kanäle, und die Schleusen aus Napoleons Zeit

sind noch in Betrieb. Nur ihre für heutige Verhältnisse geringe Kapazität von rund dreihundert Tonnen bringt die Schiffe an den Rand der Wirtschaftlichkeit.

»Kommt mal mit, ich zeig euch was.« Theodor steht auf. Wir schwanken über den Steg an Land, folgen den beiden Brüdern an der Slipanlage und am Ersatzteilfriedhof vorbei, dann stemmt Hans ein großes Hallentor auf. »Vorsicht, großen Schritt machen!« Ein Motor liegt mitten im Eingang zur Werkstatt. »Vom T-34. Russischer Panzer. Zweiter Weltkrieg.« Er grinst schief: »Naja, sowas sammelt sich halt an …« Theodor ist schon weiter vorn und ruft durch die Halle: »Aber eigentlich meinte ich das da.« Er zeigt nach oben. Auf einer Hebebühne schweben zwei Autos dicht unter der Hallendecke. Das eine ist mit einer großen Plane abgedeckt, vom anderen ist nur noch die Karosserie übrig. Groß, glatt, auf Tempo gebaut, weiß. Weiß, wie sonst nichts weiß ist in dieser Landschaft aus rostendem Stahl. Edle Ledersitze im Inneren. Kabelbäume hängen aus dem Fahrzeugboden, allerlei mechanische Teile liegen in Wannen auf dem Betonboden, auf den Werkbänken oder sind schon in Schraubstöcke eingespannt. An den Wänden lehnen große Reifen. Eine *Corvette*. Amerikanische Autos gehören auf der Werft zur Grundausstattung – schon der Vater der drei Brüder fuhr einen 1937er *Cadillac LaSalle* – ein auch für heutige Verhältnisse noch riesiges Auto. »Viel Platz für Werkzeug und Ersatzteile. Denn wenn irgendwo in Frankreich irgendwas nicht stimmt mit einem unserer Schiffe, fahren wir sofort hin. So ein Schiff muss laufen – Fracht hat immer Termin.«

Vor der Halle, an der Einfahrt zum Werftgelände, ragt eine Skulptur meterhoch aus dem Boden: ungleichmäßige Scheiben, die um eine nicht vorhandene Achse zu kreisen scheinen. Hans folgt unserem Blick. »Ah, das kennt ihr, oder? Eine Kurbelwelle. Schiffsdiesel. Deutsches U-Boot, Erster Weltkrieg«, erklärt er. »Das war noch Qualität!« Aus Schiffbaukunst wird Schiffbauerkunst.

»Kommt. Ich zeig euch noch was.« Die Brüder stiefeln voran. Wieder geht es über eine schmale Planke aufs Wasser hinaus, die Eisenleiter hoch an Bord. Mit einer Hand zieht Theodor das Nachbarschiff heran. Tonnen schwimmenden Stahls – von Menschenhand bewegt! Das Wasser macht die Schiffe leicht. Wie war das damals beim Treideln – die alten Fotos, Menschen gehen im Geschirr und ziehen die Schiffe? Hans grinst über die Schulter. »Zwei, drei Kilometer hat da vielleicht mal eine Familie ihr Schiff gezogen, vom Liegeplatz in den Hafen. Und davon wurden dann natürlich Fotos gemacht. Aber eine ganze Reise zu Fuß – nein. So leicht sind die Schiffe dann doch nicht.«

Theodor hat Stützen auf das Deck geschweißt und ein großes Blechdach aufgespannt. Darunter, halb im Rumpf der alten Péniche verborgen, liegt eine Motoryacht. Ein Stahlrumpf – lang, schmal, schnell. Wir klettern an Deck des Bootes im Bauch des Schiffes, tun ein paar Schritte über edles Teakholz, ziehen den Kopf ein an der Tür zur niedrigen Kabine, tasten uns die kleine Treppe hinunter. Innen sieht es aus wie in einer Werkstatt – ein nicht ganz ungewohnter Anblick auf dieser Werft. Das Boot ist ausgeräumt, Werkzeug liegt herum wie eben noch benutzt, eine Leiter lehnt am Fenster, aus einer Verkleidung quillt ein Knäuel Kabel hervor. Feiner Schleifstaub bedeckt dieses Stillleben; Lackdosen, Pinsel und Sandpapier liegen griffbereit.

»Zwölfmal lackiert!« Theodors Hand streicht zärtlich über eine auf Hochglanz polierte Holzvertäfelung. »So muss das sein. Achtmal ist nicht genug. Zehnmal ist nicht genug.« Theodor, der Alleskönner – hier ist er Schreiner, Lackierer, Restaurator. »Hochseetauglich«, sagt er. Seine Hand liegt noch auf dem polierten Holz. »Damit kann man überall hin!« Dann schränkt er ein: »Also – ›überall‹, das muss ja gar nicht. Einfach mal Marseille … Mittelmeer. Das wär doch schon was.« Seine Augen leuchten.

Ein Leben lang haben die Brüder ihre Werft nicht verlassen, haben Schiffe gebaut fürs Grobe. Mit Niethammer und Schweißbrenner, Drehbank und Kran. Arbeitsschiffe, die fahren mussten, Lasten schleppen, Geld verdienen.

»So ein Boot hier … da steckt alles drin, was man braucht.« Theodor schaut über den schlanken Bug der Yacht hinaus in die Ferne, über die rostigen Umrisse der Werft, irgendwo ins Grau über der Saar. Sein Leben hat er auf Schiffen verbracht, bereit zum Aufbruch. Hier auf der Grenze, im Niemandsland, zwischen den Staaten, zwischen Wasser und Land. »Was braucht denn der Mensch wirklich? – Ein Bett. Einen Ofen. Und Reisen.« Unter dem Schiff zieht die Saar ihres Wegs, in stillem, stetigem Strom.

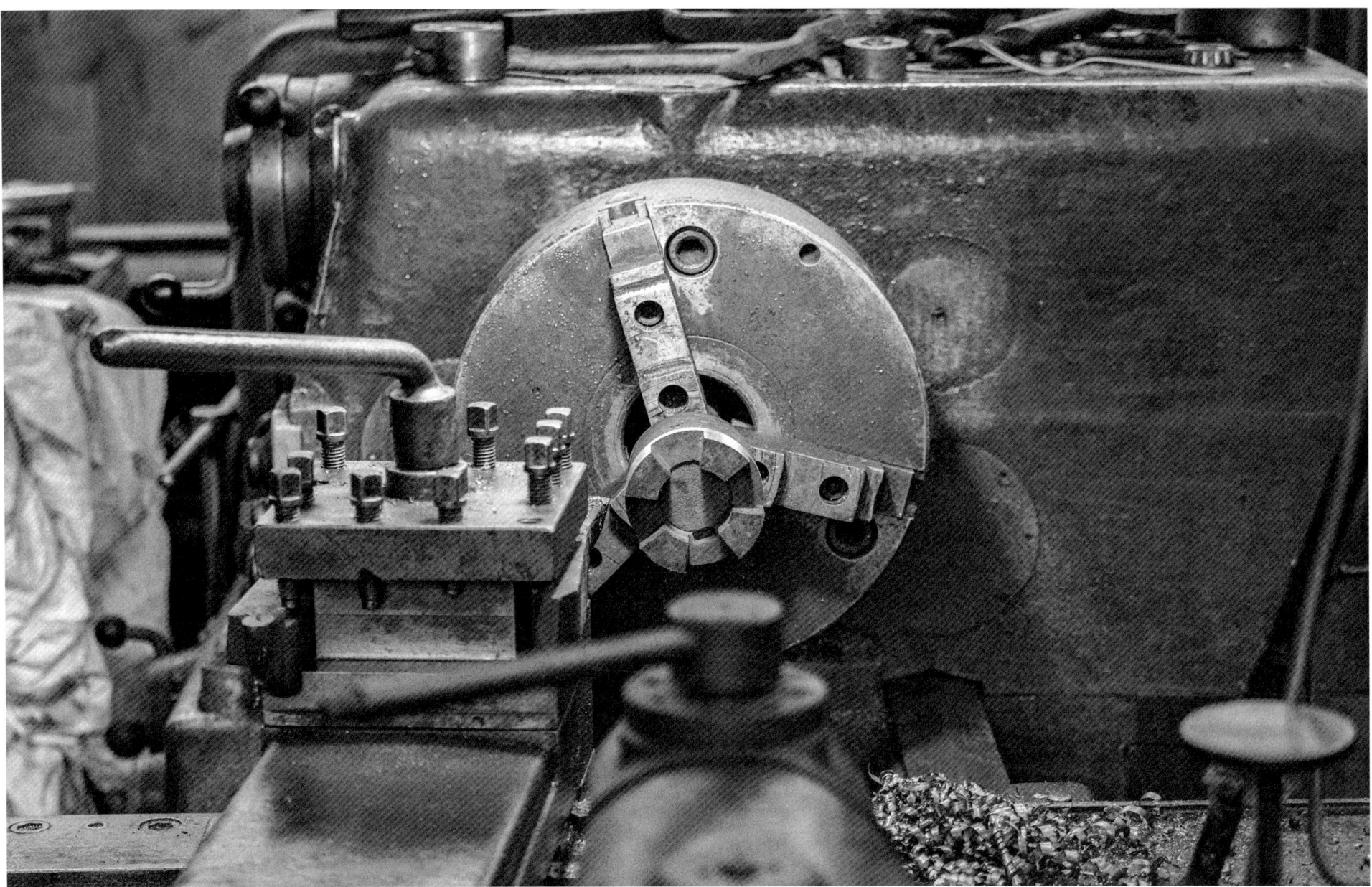

Eine Schiffsladung Kultur
Barbara, Frank und die Odyssee der ›Maria-Helena‹

Es war eine dunkle und stürmische Nacht.
Es zogen die Wolken über den Himmel,
das Meer war drohend dunkel und unruhig,
der Wind, der pfiff, und die Hunde heulten –
es war so gespenstisch!

Sie spielt ihn nicht nur, den Odysseus – sie *ist* der Odysseus: Mit vollem Körpereinsatz bringt die Schauspielerin den griechischen Helden auf die Bühne. Wie er nach Hause zurückkehrt und von seinen Fahrten und Taten berichtet, vom Krieg gegen Troja, von Zyklopen und Sirenen, von einem Leben voller Kampf und Irrfahrt. Eine Leiter, ein Speer, eine einzige Frau auf der Bühne – mehr braucht es nicht an diesem Abend. Dreißig Augenpaare im Dunkel des Zuschauerraums folgen wie gebannt der alten Sage, die jeder hier schon mehr als einmal gehört, gelesen, gesehen hat. – »Aber *so* hat mir das noch keiner erzählt«, raunt eine Dame mittleren Alters ihrem Begleiter ins Ohr. Auf dem kleinen Bistrotisch vor ihr wird der Weißwein warm.

»Jaja, das funktioniert«, sagt Frank leise. »Gutes Theater für Kinder ist immer auch gutes Theater für Erwachsene.« Denn eigentlich ist diese Fassung des ›Odysseus‹ für junge Leute geschrieben – und preisgekrönt. Der Monitor taucht Franks Gesicht in blaues Licht, seine Hände liegen auf dem Mischpult. Am kleinen Tisch mit der Kasse hat er vor einer halben Stunde die letzten Eintrittskarten verkauft. Es sind keine klassischen Theatertickets – ›Bordkarte‹ steht auf dem kleinen, roten Papier, und: ›Heimathafen Saarufer / Alte Brücke‹.

Seit über vierzig Jahren macht Frank Theater, in jeder Form: Als Schauspieler, Regisseur, Bühnenautor. »Als wir anfingen mit der *Compagnie Lion*, waren wir das ganze Jahr über unterwegs und zogen mit unserem Programm von einem Haus zum anderen. Von der Kneipe bis zum Staatstheater war alles dabei.« Bühne und Bühnenbild, Kostüme und Requisite – alles fuhr mit, in Bussen und auf Lastwagen. Das Theater kam gut an – doch das ständige Auf- und Abbauen kostete Kraft. Irgendwann kamen die Schauspieler auf die Idee, mit einer eigenen Bühne auf Tour zu gehen – und warum dann nicht gleich auf

dem Wasser? Die kleine Theaterkompanie mietete ein altes Frachtschiff, Frank schrieb ein Piratenstück, sie studierten es ein und fuhren zwischen Nancy und Saarbrücken Tournee. »Da hatten wir endlich unser eigenes Theater dabei. Wir legten an, machten die Bühne klar und spielten. Und das Publikum war hingerissen von der ungewöhnlichen, schwimmenden Bühne«, erinnert sich Frank.

Als die Saison vorüber war, suchte er nach einem eigenen Schiff – und entdeckte die *Maria-Helena*. Sie lag am Ufer der Saar, außer Dienst, genau wie ihr alter Kapitän, der im Ruhestand auf seiner Péniche wohnte. Jahrzehntelang waren sie zusammen gefahren, hatten Holz, Lebensmittel und Baumaterial transportiert über das französische Kanalnetz und die deutschen Flüsse; bis an die holländische Küste im Norden, bis ans Mittelmeer im Süden.

Die *Maria-Helena* selbst hat eine Odyssee hinter sich, wie sie an diesem Abend in ihrem Bauch erzählt wird: 1911 läuft die Péniche in einer Straßburger Werft vom Stapel. Drei Jahrzehnte lang ziehen Pferdegespanne das Treidelschiff über die Flüsse und Kanäle, beladen mit Kohle und Kies. Bei Kriegsbeginn 1939 beschlagnahmt der französische Staat das Schiff, 1940 sprengt die Armee die *Maria-Helena*. Sie sinkt auf der Maas, nahe der holländischen Grenze. 1941 wird sie gehoben und während eines Hochwassers an Land gesetzt. Erst lange nach dem Krieg, im Jahr 1955, wird die *Maria-Helena* repariert – und erhält einen Dieselmotor. Wieder fährt sie drei Jahrzehnte lang durch Europa, nun mit eigener Kraft, in ihrem Laderaum Kies und Stahl, Getreide und Zucker, Erbsen und Bier, ehe sie 1991 zusammen mit ihrem Kapitän in Rente geht.

Als Frank im Jahr 2006 dem alten Schiffer die Péniche abkauft, beginnt ein neues Abenteuer – für das Schiff wie für den Theatermann. »Als wir den Rumpf mit dem Hochdruckreiniger saubermachten, sahen wir das ganze Ausmaß des Schadens. Der Boden war durchgerostet. Das Wasser lief durch große Löcher in den Rumpf. Eigentlich war das Schiff ein Fall für den Abwracker.« Frank spricht nochmals mit dem alten Kapitän, eine kleine Erbschaft hilft ebenfalls weiter – mit viel Glück können sie die *Maria-Helena* vor der Verschrottung retten.

Franz, Hans und Theodor flicken notdürftig den Rumpf und schleppen das Schiff auf ihre Werft. Sie schneiden den alten Boden heraus und schweißen in wochenlanger Arbeit einen neuen darunter. Bis aus dem Frachtschiff ein Theater wird, fließt dann noch viel Wasser die Saar hinunter – und viel Geld und Mühe in die alte Péniche. Die Tüftler überdachen den Laderaum, setzen Bullaugen in die Seitenwände, bauen ein versenkbares Treppenhaus aufs Deck, überholen den Antrieb. Nach neun langen Monaten in den Händen der erfahrenen Schiffbauer ist die *Maria-Helena* wieder klar. Der Motor läuft, das Schiff gehorcht dem Ruder.

»Und das war uns wichtig. Die *Compagnie Lion* war immer unterwegs gewesen. Wir wollten das Schiff nicht irgendwo vor Anker legen, sondern wir wollten fahren und das Theater zu den Menschen bringen.« Frank und sein Team verlegen Holzboden im Laderaum, bauen eine Bühne in den Bug, dahinter Requisite und Werkstatt. Unter der Treppe findet sich Platz für eine Bar. »Für die Pausen und für danach – wie sich das für ein Theater gehört.« Ein großer Kanonenofen mittschiffs heizt an kalten Tagen ein. »Ich wundere mich manchmal selbst, wie trocken und wohnlich das Schiff heute ist«, sagt Frank. »Wenn sich das hier wohl fühlt«, er streicht über das Klavier am Rand der Bühne, »dann fühlen sich auch die Menschen wohl.« – Mit einem Theaterstück für Kinder feiert die *Maria-Helena* ihre Premiere. Und die Leute kommen, neugierig auf den ungewöhnlichen Spielort unten am Ufer der Saar.

»Es sind immer wieder neue Gäste da, je nachdem, was wir spielen – ob Theater oder Artistik, Musik oder Tanz«, erzählt Barbara. Sie ist vor einigen Jahren an Bord gegangen und leitet seitdem zusammen mit Frank das Theater. Eine Freundin hatte ihr erzählt, dass er Hilfe suchte bei der Organisation des Programms, den Vorstellungen, den Tourneen – und auch ganz praktisch rund ums Schiff. »Mobiles Theater ist unglaublich aufwendig. Unmengen Material schleppen, hier einen Scheinwerfer anschrauben, dort noch ein Kabel abkleben – die Arbeit hört immer erst auf, wenn die Vorstellung beginnt«, zählt sie auf.

Einmal kehrt die *Maria-Helena* auch zu ihren Ursprüngen zurück: Als vor einigen Jahren im Ruhrgebiet die Ära von Kohle und Stahl zu Ende geht, steuern Barbara und Frank das Theaterschiff über Saar, Mosel und Rhein bis hinauf in die Industrielandschaften an Ruhr und Emscher. Mit dem über hundert Jahren alten Frachtkahn auf den größten Wasserstraßen Deutschlands, der Diesel von 1955, ohne Radar, GPS und Bugstrahlruder, in der schnellen Strömung der Fahrrinne, zwischen riesigen Containerfrachtern, Chemietankern und Schubverbänden – »es war ein Abenteuer«, erinnern sich die beiden. Doch die Tournee wurde ein voller Erfolg. »Expedition B – Sehnsucht nach Licht« – das Theater auf dem alten Kohlendampfer vor den Kulissen der sterbenden Kohleindustrie mischte Töne der Hoffnung in den Abgesang einer Epoche.

Bis heute schreiben die Theatermacher viele Stücke selbst und führen Regie. »Wir wollen unser Publikum gut unterhalten. Aber nicht nur das – jedes Stück gibt den Leuten auch ein, zwei Gedanken mit auf den Weg, die über den ersten Lacher hinausgehen. Etwas, das bleibt. Ein Anstoß für den Alltag.«

Diese Idee geben die beiden auch während der Coronazeit nicht auf. Als im Lockdown die Schauspielhäuser schließen müssen, ist auch auf der *Maria-Helena* Schicht. »Aber wir wollten nicht einfach zumachen und nach Hause gehen«, erinnert sich Barbara. »Denn gerade dann, wenn jeder für sich isoliert ist, brauchen die Menschen doch

Hoffnung«. Barbara und Frank sehen sich nach einer Freilichtbühne um. Zu Wasser natürlich. Sie finden einen ausgedienten Prahm, eine schwimmende Arbeitsbühne, und transportieren den Koloss per Lkw durchs ganze Land. »Diese Transporte nachts auf der Autobahn, die nicht überholt werden dürfen – wir waren einer davon«, grinst Frank. »Ganz schöner Aufwand.« Ein Schwerlastkran lässt den Prahm am Saarufer zu Wasser – allein dieses Spektakel lässt die Zuschauer auf den Brücken zusammenlaufen. Frank und Barbara hängen die neue Freilichtbühne mit Trossen an die *Maria-Helena* und taufen sie auf den Namen *Encore!* Den französischen Ruf nach einer Zugabe kann man in der Coronazeit auch verstehen als ›Endlich wieder!‹ – ›Mehr davon!‹ und ›Noch einmal!‹

Und so heißt dann auch das erste Open-Air-Festival, mitten im Corona-Sommer: *Festival Encore! – Kultur am Ufer*. Musiker, Schauspieler und Artisten bringen ihre Kunst auf den Fluss, vom Poetry Slam über Theater, Tanz und Konzerte bis hin zu zeitgenössischem Zirkus. Das Publikum steht bei freiem Eintritt unter freiem Himmel am Ufer. Tausende von Besuchern nutzen diese Chance in einer Zeit, die arm ist an Kultur und Begegnung. Für einige Sommerwochen kehrt die Stadt zurück an ihren Fluss.

Zwei Jahre später organisieren Barbara und Frank das Festival erneut – und diesmal wollen sie ganz Saarbrücken in eine große Bühne verwandeln. »Wir holen Artisten aus ganz Europa.« Die Theatermacher, denen nie eine Baustelle zu groß war, haben ihre neue Vision gefunden: Das Festival soll eine feste Institution werden in der Stadt an der Saar.

Unten im Bauch des Theaterschiffs brandet Applaus auf. Odysseus ist zurück auf seiner Heimatinsel Ithaka. Er hat seine Abenteuer bestanden, die falschen Freier erschlagen und seine Frau in die Arme geschlossen. Auf der Bühne verbeugt die Schauspielerin sich lange, dann springt sie herunter, läuft einmal quer durchs Publikum, durchs ganze Schiff – und verschwindet in der Requisite.

Der Ofen bullert vor sich hin, an der Bar ploppen die Korken. Die Zuschauer bleiben noch eine Weile sitzen an den Bistrotischen – es geht gemütlich zu auf dem alten Schiff. Draußen, vor den Bullaugen, rauscht nicht das tosende Mittelmeer der Odyssee. Es rauscht auch nicht die Saar. Es rauscht die Saar-Autobahn. Hier drinnen hört man kaum etwas davon – nur die Lichter der Autos ziehen still vorüber am dunklen Ufer.

Altes Eisen, heiße Öfen

Patrick und Max auf der ›Portofino‹

Wir stehen im Steuerhaus und blicken durch die Scheiben über die offenen Laderäume des Schiffs. Vor dem Bug liegt das helle Band der Saar, breit wie eine Autobahn, in der Morgensonne glitzernd. Irgendwo unter uns wummern die Maschinen. Ein stetiges, sonores Geräusch, so tief, dass man es nach einiger Zeit als Stille empfindet. Rechts und links ziehen träge die Ufer vorüber. Es geht flussaufwärts mit elf Stundenkilometern. Patricks Blick geht zur Verbrauchsanzeige. Vierzig Liter pro Stunde saugen die Diesel der *Portofino* bei diesem Tempo durch die Leitungen. »Einmal volltanken vierundzwanzigtausend Euro«, sagt Patrick und lacht. »Da überlegst du dir genau, was du mit deinem Sprit machst.« Er sitzt zurückgelehnt in seinem Drehsessel und blickt auf den Fluss hinaus, seine Hand liegt entspannt auf dem Steuerknüppel.

Auf schnelle Fahrt kommt es sowieso meistens nicht an – es sind die Schleusen, die auf der Saar den Takt vorgeben. Immer nur ein Schiff passt hindurch. »Es bringt ja nichts, wenn ich hier mit hohem Tempo vor mich hin rausche und dann eine Stunde lang an der nächsten Staustufe warten muss, weil drei andere vor mir stehen«, erklärt Patrick.

Auf dem Bildschirm kann er die nächsten Schleusen sehen und die anderen Schiffe im Umkreis. – »Ich hab mir das genau ausgerechnet. Zeit genug hab ich ja hier.« Er lacht. »Fahren wir zu langsam, verlängert sich die Reisezeit. Und damit steigt der Verbrauch. Fahren wir zu schnell, fangen die Diesel an zu saufen und nehmen sich fünfmal mehr Sprit als nötig. Elf Stundenkilometer sind ideal. Für dieses Schiff.«

Jeden Meter Ufer hier hat Patrick schon Tausend Mal gesehen. Sein Leben lang schon fährt er die Saar hinauf und hinab – und so manchen anderen Fluss. Angefangen hat er auf dem Schiff seines Vaters. »Viel kleiner als das hier. Damals machten wir mit einer Zweihundertzwanzig-PS-Maschine neun bis zehn Stundenkilometer. Bei Vollgas!« Die *Portofino* mit ihren tausend PS schafft in der Spitze knapp das Doppelte – »aber dann schluckt sie auch zweihundert Liter die Stunde.«

Das Schiff ist nicht mehr neu – 1949 lief die *Portofino* vom Stapel. Der Vorbesitzer, von dem Patrick das Schiff kaufte, hatte schon so manches umgebaut: Die alte Maschine ließ

er gegen zwei stärkere austauschen, die geräumige Wohnung unterm Steuerhaus wurde komplett renoviert. Und er ließ das Schiff verlängern. Eine Werft schweißte den Rumpf auseinander, fügte acht Meter Stahlplatten ein, schweißte alles wieder zusammen – für erfahrene Schiffbauer ein Routineauftrag. »Ich hab mir das ausgerechnet. Wie gesagt, ich hab ja Zeit genug zum Rechnen.« Patrick lacht wieder. »Die acht Meter mehr Länge zahlen übers Jahr das Gehalt meines Bootsmanns.« Knapp eintausendvierhundert Tonnen Fracht kann die *Portofino* laden – so viel wie siebzig Lkw.

Fracht – das Wort wird heute noch oft fallen. »Möglichst keine Leerfahrten – das ist das Credo jedes Schiffers. Genau wie beim Taxi«, vergleicht Patrick. Das heißt: Wo Ladung gelöscht wird, muss nach Möglichkeit gleich neue bereitstehen. Und das weltweit. Denn Kohle und Eisenerz für die Stahlindustrie stammen längst nicht mehr aus den heimischen Bergwerken an der Saar, sondern kommen per Schiff aus Mosambik und Australien, aus Südafrika und Brasilien. Damit in jedem Hafen unterwegs Schiff und Ladung pünktlich zusammenkommen, übernehmen Vermittlungsunternehmen die Koordination. Bei den Befrachtern laufen die Aufträge zusammen, sie buchen dann die passenden Schiffe. Eine Art Taxi-Zentrale zu Wasser. Lange Zeit ist auch Patrick so von einem Auftrag zum anderen gefahren, damals noch mit dem Schiff seiner Eltern, einer Péniche. »Vierzig Meter lang, fünf Meter breit, zweihundertfünfzig Tonnen, voll beladen bis zu ein Meter achtzig Tiefgang« – die Zahlen sprudeln aus ihm heraus. »Und das waren eigentlich nur Fracht-Häppchen, verglichen mit heute.« Zehn Jahre lang fuhr Patrick mit seiner Péniche Fracht wie zu den alten Zeiten der Saarschifffahrt; Getreide,

Düngemittel, Baumaterial. »Da musst du immer dranbleiben, dich immer anbieten«, erinnert er sich. »Die Befrachter haben das Geschäft in der Hand. Du lebst von ihnen. Aber sie leben auch von dir.« Ein Job, in dem es aufs richtige Rechnen ankommt.

Zugleich ging es damals gemütlich zu. Das Leben auf der Péniche, auf dem langsam dahinziehenden Fluss folgte einem festen Rhythmus. Abends um halb acht war Feierabend, dann stellten sie den Grill an Deck und ließen den Tag ausklingen bei gutem Essen. Morgens um sieben ging es weiter. »Das war ein bisschen wie Urlaub mit dem Wohnmobil.«

Heute haben die Saarschiffer ihre Autos immer dabei, auf dem Achterdeck; mit einem kurzen Kran hieven sie die Fahrzeuge im Handumdrehen an Land. Liegt das Schiff irgendwo für mehrere Tage fest, können die Schiffer nach Hause fahren. »Aber das machen wir nur, wenn es nicht mehr als hundertfünfzig Kilometer sind. Das ist sonst nur Stress.« So schlafen Patrick und Max oft an Bord. Die Wohnung auf der *Portofino* ist geräumig, zu zweit lässt es sich hier leben wie an Land. Mit Küche, Bad, Wohnzimmer, eigenen Schlafzimmern; auch das Büro hat Patrick immer dabei. »Den ganzen Schreibkram mache ich hier; Frachtpapiere, Buchhaltung, alles rund ums Schiff. Dann hab ich zu Hause nichts mehr damit zu tun.«

Trotz eines Komforts, wie es ihn nie zuvor gab in der Binnenschifffahrt, findet die Branche nicht mehr genügend Nachwuchs. »Das ständige Reisen liegt nicht jedem«, sagt

Patrick. »Und die selbstständige Existenz. Das finanzielle Risiko fährt immer mit.« Vier bis sechs Millionen Euro kostet ein neues Schiff. Im Betrieb kommen Personalkosten hinzu, Diesel, Wartungen auf der Werft, Reparaturen und vieles mehr. »Wer neu einsteigt, fährt immer auf Kredit.«

Und der Lohn dafür ist längst nicht gewiss: »Während der Bankenkrise«, erinnert sich Patrick, »da gab es zwar genügend Fracht – aber die Preise waren kaputt. Du konntest fahren wie du wolltest, manchmal blieb nichts übrig.« Längst stellen große Speditionen und Industrieunternehmen deshalb ihre Schiffsführer fest an, mit Tarifvertrag und zahlreichen Extras: Übernachtungen im Hotel, bezahlte Fahrten nach Hause. »Trotzdem hat mir neulich noch ein Kollege erzählt, dass in Holland hundertachtzig Schiffe stillliegen, weil die Eigner keine Schiffsleute mehr finden.«

Patrick kann sich nicht vorstellen, fest angestellt zu sein bei einem Unternehmen. »In meiner Familie sind wir seit Generationen selbstständig auf unseren eigenen Schiffen.« Und er hat eine Nische gefunden: Die *Portofino* transportiert fast ausschließlich Schrott, direkt für die Stahlhersteller und Altmetall-Großhändler. Solche festen Aufträge aus der Industrie sind eine Seltenheit in der Binnenschifffahrt. »Da bin ich vielleicht einer von Hundert«, sagt Patrick. ›Schrott‹ – an Land klingt das nach Abfall. »Auf dem Wasser sind das die bestbezahlten Frachten.« Wir sind unterwegs nach Dillingen. Dort soll die *Portofino* Abfälle aus der Stahlverarbeitung laden, die zurückgehen in die Eisenhütten im benachbarten Völklingen.

Ein Talfahrer erscheint auf dem Bildschirm. »Guckt mal, da ist noch so einer, der's nicht lassen kann!« Patrick tippt auf die Anzeige. »Das ist Wim. Ist immer noch auf seiner *Calypso* unterwegs …« Hundertfünfunddreißig Meter Länge, elfeinhalb Meter Breite, dreitausendsiebenhundertsiebenundzwanzig Tonnen zeigt der Bildschirm an. Minuten später kommt die *Calypso* in Sicht. Sie liegt bis zur obersten Lademarke im Wasser, die leer fahrende *Portofino* überragt sie meterhoch. Als die Schiffe gleichauf sind, bleibt nur wenig Wasser zwischen den beiden Stahlkolossen. Am Heck der *Calypso* steht ihr Heimathafen, Crimpen aan den IJssel, darüber weht die niederländische Flagge. »Modernes Schiff, Ende der Neunzigerjahre gebaut. Und später nochmal verlängert. Die haben einen Komfort an Bord!« Patrick winkt hinüber in das flache Steuerhaus. Eine Hand winkt zurück. Wim ist zweiundsiebzig und war eigentlich schon im Ruhestand. Mehrmals hat der Niederländer versucht, sich zur Ruhe zu setzen – doch nie hat er es lange ausgehalten an Land. »Das muss man sich mal bildlich vorstellen – so ein Zweimetermann in einem dieser winzigen Häuschen in Holland. Auf seinem Schiff hat er mehr Platz!« Patrick lacht. Und winkt nochmal der *Calypso* nach, die sich langsam achteraus entfernt.

Der Tag gleitet dahin. Als es Abend wird über der Saar, geht Patrick mit dem Schiff längsseits an einer der Anlegestellen für Gütermotorschiffe. Max legt Taue um die Poller. Patrick hantiert am Schaltpult. Die Lichter erlöschen. Das Wummern der Maschine erstirbt. »So. Feierabend. Schnell was essen und dann ab ins Bett. Morgen wird ein richtig langer Tag!«

Am nächsten Morgen sind wir um fünf Uhr am Ufer. Es beginnt zu dämmern, doch die Sonne hat es noch nicht über die Berge des Saartals geschafft. Wir radeln auf dem Saarradweg in Richtung des Liegeplatzes von gestern Abend, als uns in einer langgestreckten Kurve die *Portofino* schon entgegenkommt. Max winkt vom Vorderdeck. Oben auf der Brücke nimmt Patrick das Gas weg und drückt das Schiff mit dem Bugstrahlruder gegen die Ufermauer. Wir hieven die Fahrräder über die Reling, Max verstaut sie vor dem Führerhaus. Patrick steuert das Schiff in die Mitte des Flusses, dann legt er die Gashebel auf hohe Fahrtstufe. »Wir müssen uns beeilen, der Tag wird lang genug!« Er will früh am Hafen in Dillingen sein, um den Ladetermin zu schaffen und noch am Abend weiterzufahren nach Völklingen. Die Maschine kommt auf Touren, aus dem Wummern wird ein Dröhnen. Zum ersten Mal auf dieser Reise bildet sich eine Bugwelle vor dem Schiff. Mit sechzehn Stundenkilometern pflügt die *Portofino* durchs Wasser, hinter ihr rollen rechts und links die Wellen an die Böschungen.

Heute früh kommt kein Gespräch zustande im Steuerhaus. Patrick späht aufmerksam durch die Scheiben in die graue Morgendämmerung vor dem Schiff, zwischendurch wandert sein Blick über die Instrumente. Max steht am Bug. Vielleicht eine halbe Stunde lang läuft die *Portofino* mit hoher Fahrt in Richtung Staustufe Mettlach. Plötzlich entfährt Patrick ein Seufzer. Er nimmt das Gas zurück. Das Dröhnen aus dem Maschinenraum ebbt ab, die Bugwelle legt sich. »Da haben wir's. Jetzt hängen wir fest.« Er tippt auf den Bildschirm. Auf der Karte ist ein Talfahrer erschienen, der sich der Schleuse von oberhalb nähert. Er wird eher dort sein als die *Portofino*. »Wir müssen warten, bis der runtergeschleust ist.« Die Tachonadel fällt auf vier Stundenkilometer. Zeit zum Spritsparen. Und für einen Tee. – »Obwohl …« Patrick verharrt. Er denkt nach. Dann stellt er die Tasse ab und greift zum Funkgerät. Er wechselt ein paar kurze Sätze mit dem Schleusenwärter, dann hängt er das Funkgerät zurück. »Oha!«, macht er. Und legt die Gashebel ganz um. »Da haben wir Glück gehabt!«, ruft er in das anschwellende Dröhnen der Maschinen. »Die Schleusenkammer steht gerade unten. Ist also frei für uns.« Der andere muss warten. Eigentlich gilt: Wer zuerst kommt, schleust zuerst. Doch Leerschleusen, das würde zu viel Zeit kosten – und wertvolles Wasser. Bei dem immer früher im Jahr einsetzenden Niedrigwasser zählt jeder Hektoliter.

Eine Viertelstunde später steht die *Portofino* mit langsam drehenden Maschinen vor dem grauen Betonriegel der Staustufe. Haushoch ragt das Bauwerk über dem Schiff auf – und hinter der Mauer stehen die angestauten Wassermassen der Saar. Das Schleusentor öffnet sich. Patrick legt die Fingerspitzen an den Steuerknüppel, die andere Hand an die Gashebel. Er blickt konzentriert aus den Fenstern der Brücke. Bei Leerfahrt ist das Schiff besonders windanfällig. Die Fender sind ausgebracht. Langsam, kaum im Schritttempo, tastet sich die *Portofino* in die lange, enge Betonschlucht der Schleusenkammer vor. Mit jedem Meter wird es dunkler. Vorne am Bug steht Max. Der Bootsmann zeigt mit weit ausgebreiteten Armen den Abstand zur Spundwand an. Als das Schiff mit seiner ganzen Länge in der Schleusenkammer steht, drückt Patrick einen Knopf. Im Bugraum erwacht ein Motor zum Leben, die Abgasklappe auf dem Vorschiff wippt in die Luft. Kurz schäumt das Wasser rechts vom Bug auf, das Schiff wird sachte nach links gedrückt.

Patrick stellt den Motor wieder ab, auch die Maschinen stoppen. »So. Angekommen. Wir sind halt noch von der alten Schule«, sagt Patrick grinsend. »Möglichst wenig Bugstrahlruder. Nur manchmal kurz, zum Manövrieren.«

Hinter der *Portofino* schließt sich das Schleusentor. Das dunkle Licht der Betonwände legt sich über das Schiff. Auf der schmalen Gangbord zwischen Laderaum und Reling bewegt sich Max den Schiffsrumpf entlang. Er legt Taue über die Poller in der Schleusenwand, kontrolliert den Sitz der Fender. Das Wasser in der Schleusenkammer beginnt zu steigen, und langsam steigt auch die *Portofino* dem Morgenlicht entgegen.

Patrick kennt die Saar und ihre Schleusen wie kaum ein anderer Schiffer. Als in den Siebzigerjahren der Fluss zur Wasserstraße umgebaut wird, ist er bei den Baggerarbeiten dabei. Er erinnert sich: Vor dem Ausbau glich die Saar in weiten Teilen einem Mittelgebirgsfluss, mit Felsen, Stromschnellen und Untiefen. An Großschifffahrt war nicht zu denken. Als das Saarland Teil der Bundesrepublik wurde und Frankreich die Mosel zur Wasserstraße umbaute, geriet die Saar ins Hintertreffen. Jahrzehntelang wich die Industrie auf die Schiene aus, die Bundesbahn gewährte ›Als-ob‹-Tarife: Der Preis für die Tonne Fracht per Güterzug wurde festgelegt, als ob die Schiene ein Wasserweg wäre. Nachdem der Europäische Gerichtshof diese Subventionen beendete, blieb nur noch der Ausbau der Saar zur Wasserstraße, um die Industrie über Mosel und Rhein an die Nordseehäfen anzuschließen. 1974 beginnen die Arbeiten. Die Saar wird auf einer Länge von über neunzig Kilometern begradigt, vertieft und in sechs Staustufen geteilt. Durchstiche durch enge Flussschleifen verkürzen ihren Weg, Schiffsschleusen in den Staustufen überbrücken ein Gefälle von insgesamt fünfundfünfzig Metern zwischen Saarbrücken und der Mündung bei Konz. Fünfundzwanzig Jahre lang ist der Fluss eine gigantische Baustelle. Abschnitt für Abschnitt wird trockengelegt, Bagger heben das Flussbett auf vier Meter Tiefe und fünfundfünfzig Meter Breite aus. Fast dreißig Millionen Kubikmeter Erde, Geröll und Schlamm mit den Rückständen aus hundert Jahren Schwerindustrie werden gleich vor Ort für Dämme und Böschungen verwendet oder landen im Straßenbau und auf Bergehalden. Neue, tiefe Hafenbecken werden angelegt, Staustufen in das neue Flussbett betoniert, Schleusenkammern für die Schiffe und Wasserkraftwerke zur Stromerzeugung gebaut. Altarme des ursprünglichen Flusses, Flachwasserzonen und neu angelegte Seen sollen der Natur helfen, den Verlust an Lebensraum zu verkraften – das verlangt das 1976 neu eingeführte Bundesnaturschutzgesetz. Dennoch: Als die Bagger abrücken, ist das Gesicht der Saar für immer verändert. Aus einem jahrtausendealten Fluss ist eine Kette von Stauseen geworden, verbunden durch Schleusen – eine europäische Wasserstraße der Klasse ›Fünf B‹.

Das Wasser in der Schleuse hat seinen oberen Stand fast erreicht. Langsam hebt sich der Rumpf der *Portofino* aus der Schleusenkammer. Ein Schwan brütet dicht an der Kante. Dem Schiff, das neben ihm aus dem Boden wächst, schenkt er keine Beachtung. Im Oberwasser vor dem Schleusentor wartet der Talfahrer von vorhin, im Unterwasser steht schon der nächste Bergfahrer bereit zur Einfahrt. Die Schleusentore öffnen sich,

Patrick lässt die Maschine an und fädelt die *Portofino* aus der Schleusenkammer heraus ins Fahrwasser. So wird es den ganzen Tag über gehen, überall auf dem Fluss; in stetigem Auf und Ab gleiten die Schiffe durch die Schleusen der Saar.

Die Tür zum Steuerhaus schwingt auf. Max kommt herein. Bevor er auf die *Portofino* kam, erzählt der Bootsmann, war er auf einem Fahrgastschiff unterwegs. »Da ist immer Hektik: Schiff, Restaurant, Gäste – irgendwas ist immer zu tun. Ist die eine Gruppe von Bord, steht die andere schon am Kai. Manchmal bis spät in die Nacht. Fertig wirst du da nie.« Und er ist zur See gefahren, auf einem Krebsfischer – »das hieß Körbe ausbringen im Akkord«, ein raues Leben – und tagelang nichts zu sehen als graue, endlose See rundum. Er blickt den Schiffer an. »Hier bin ich zur Ruhe gekommen. Das hat sogar meine Freundin bemerkt.« – »Jaja, ich weiß noch, wie du hier ankamst … Jetzt bist du viel ausgeglichener«, entgegnet Patrick. »Die Saar tut einem gut. Hier geht alles seinen Gang. Wenn es an der Schleuse eine Stunde dauert, dann dauert es eine Stunde. Ob ich mich aufrege oder nicht, an der Zeit ändert das nichts.« Der Schiffsführer schaut den jungen Mann an, der in der offenen Tür lehnt. Wenn Patrick in Ruhestand geht, könnte Max das Schiff übernehmen. Die Ausbildung hat er gemacht, jetzt fährt er als Bootsmann mit. Längst teilen sie sich alle Aufgaben, wechseln sich ab am Steuer. Die *Portofino* kennt der junge Mann inzwischen so gut wie der alte. In wenigen Jahren kann er sein Binnenschifferpatent ablegen und selbst Schiffsführer sein. – Und wenn Max nicht übernimmt? »Dann müsste ich die *Portofino* verkaufen. Und dann geh ich halt an Land. Wir Schiffer können ja überall leben.« Patricks Hand mit der Teetasse beschreibt einen Bogen von einem Ufer zum anderen. Er nimmt einen Schluck. Die Maschine wummert vor sich hin. Das Ufer gleitet vorüber. »Naja.« Er setzt die Tasse ab. »Ich kann ja auch noch ein paar Jahre dranhängen. Wie Wim.«

Nach einem halben Tag Fahrt und einer weiteren Schleuse läuft die *Portofino* in den Hafen von Dillingen ein. Auf dem Kai türmen sich Berge von Schrott der schweren Sorte, sauber sortiert: Ausgediente Radsätze von Eisenbahnwaggons, Autowracks, wirres Geflecht aus rostigen Drähten und Kabeln, Stahlträger, ein Berg silbern glänzender Blechschrott, zu Würfeln gepresst. Diesen Berg steuert Patrick an. Die *Portofino* geht an der Kaimauer längsseits. Während Patrick und Max an Land die Frachtpapiere regeln, rollen zwei Umschlagbagger heran. Sie graben ihre Greifer in den Haufen Blechwürfel, nehmen drei, vier, fünf auf einmal davon auf, als wären sie aus Pappe, schwenken hinüber zum Schiff und laden ihre Last in den Frachtraum ab. Donnernd fallen die Würfel, jeder eine Vierteltonne schwer, in den stählernen Bauch des Schiffes. Die *Portofino* bebt. Die Bagger schwingen zurück, graben sich wieder in den Berg, holen die nächsten Würfel und werfen sie ab. Wieder und wieder geht das so, stundenlang, das Donnern füllt den Nachmittag. Tiefer und tiefer sinkt das Schiff ins Wasser. Als die oberste Marke am Rumpf knapp über der Wasseroberfläche steht, erscheint ein Mann auf dem Kai und faltet eine Art überdimensionalen Zollstock auseinander. Der Eichmeister misst den Tiefgang und berechnet daraus das Frachtgewicht – auf achthundert Kilogramm genau. Aus seiner Messung wird der Preis für die Fahrt berechnet.

Patrick schwingt sich in den Sessel. »So, das ging schnell. Dann schaffen wir das heute Abend noch.« Max geht die Gangbord entlang und holt die Taue ein. Die Maschine springt an. Langsam löst sich das Schiff von der Kaimauer, Patrick wendet im Hafenbecken und steuert auf die Ausfahrt zu. Er schwenkt in die Saar ein, auf Bergfahrt geht es weiter in Richtung Völklingen, wo die Hochöfen schon auf den Metallschrott warten.

»Fabrikneuer Schrott«, sagt Patrick. »Das sind Stanzabfälle aus der Autoindustrie. Wenn aus den Blechplatten die Teile für die Karosserie herausgestanzt werden, bleibt das da übrig.« Er zeigt auf den Laderaum. »Wir fahren die Reste wieder hoch zu den Öfen, die machen neuen Stahl daraus, der kommt wieder in die Stanze. Recycling! Stahl ist ein wunderbares Material.« Von Dillingen saaraufwärts bis Saarbrücken gleicht das Saarufer einer einzigen langen Fabrik. Eisenhütten, Kraftwerke, Gießereien, Walzwerke, Autofabriken – zahllose Zulieferer und Weiterverarbeiter reihen sich aneinander. Autobahn, Bundesstraße, Bahntrasse, Fernwärmerohre und andere Versorgungsstränge säumen den Fluss. Irgendwo dazwischen verläuft der Radweg.

Mitten in dieser Industrielandschaft drückt Patrick am späten Nachmittag die *Portofino* gegen einen Anleger. Wir heben die Räder über die Reling hinauf ans Ufer. Patrick und Max stehen auf der Gangbord. Händeschütteln. Zwei zeitlose Tage auf dem Schiff liegen hinter uns. »Jetzt radelt ihr also weiter, die Saar entlang. Und wir … Vielleicht machen wir nachher noch den Grill an – oder, Max?« Max nickt. »Hab' nichts dagegen, Patrick! Und der Kühlschrank ist voll.« Die Schiffer grinsen sich an.

Ein Hauch vom Vagabundenleben aus der alten Zeit der Pénichenschifferei hängt noch immer über den Decks der modernen Großschifffahrt. Auch wenn der Fluss gebändigt ist zwischen Spundwänden und Staustufen, auch wenn die Schiffe mit ihren tausenden PS dem stillen Wasser weit überlegen sind und ihre digitalen Geräte jeden Winkel der Wasserstraße durchleuchten, und auch wenn die Autos auf dem Achterdeck stehen, jederzeit bereit zur Heimfahrt: Die Saar lässt ihre Schiffer nicht los.

Die Sammlerin der Augenblicke
Manuela und die ›Anna-Leonie‹

Sie sitzt an der Kaimauer, das Skizzenbuch auf den Knien, den Stift in der Hand. Ihr Blick schweift übers Hafenbecken. An den Stegen schlafen Motorboote unter sauber aufgezogenen Persennings. Glatte Rümpfe in Ferienweiß, die Decks aus edlen Hölzern tropischer Breiten, die neuen Leinen akkurat verzurrt, jederzeit mit leichtem Schwung zu lösen – es liegt ein Versprechen von Freiheit in diesen *Poseidons* und *Neptuns*, *Libertys* und *Peter Pans*.

»Ich fange immer mit einem Detail an«, sagt sie. Ihre Hand zieht Linien aufs Papier. »Erst die Pfähle. Dann das Gras. Dann das Schiff.« Strich um Strich wächst die Skizze aus dem Block hervor. Direkt vor den Füßen der Malerin, an der Ufermauer, liegt die *Anna-Leonie*, das letzte erhaltene Treidelschiff aus der ganz alten Zeit der Saarschifffahrt. Es hatte nie eine Schraube, nie eine Maschine – Jahrzehnte lang schleppten Pferdegespanne, später dann Traktoren die Péniche über Flüsse und Kanäle, beladen mit Hunderten von Tonnen Kohle, Kies, Baumaterial oder Lebensmitteln. Der schwere, stumpfe Rumpf, aus dicken Stahlplatten genietet, strahlt in frischem Lack. Vor wenigen Jahren erst restaurierten die Brüder Franz, Hans und Theodor den Lastkahn auf ihrer Werft. Niete für Niete schlugen sie ein, über vierzigtausend Stück, wie vor mehr als hundert Jahren – ein Schiff, komplett von Hand gebaut. Drei Jahre lang arbeiteten die erfahrenen Schiffbauer an dem Museumsprojekt, Tag für Tag – mit Methoden aus dem neunzehnten Jahrhundert. »Nähen und Nieten sind die ältesten Verbindungstechniken der Menschheit«, hatte Theodor uns auf der Werft erklärt. Heute türmen sich im Bauch der *Anna-Leonie* nicht mehr Kohle, Koks und Kalk – jetzt stehen Tafeln und Vitrinen unter Deck, die über die Geschichte der Saarschifffahrt informieren. In Merzig liegt die Péniche nun im Hafen, fest verbunden mit dem Land, umspielt von den halbstarken Freizeitbooten, die nie die Last der Arbeit trugen. Ein Schiff in Rente. Ein Denkmal einer anderen Zeit.

»Einen eigenen Stil hat man von Anfang an«, sagt Manuela. »Man kann ihn nicht erlernen. Und auch nicht ablegen.« Sie zeichnet, seit sie sich erinnern kann; schon als Kind malte sie viel – und hat damit nie aufgehört. Tagsüber arbeitet sie in einer Apotheke.

»Ein Job, ein Mann, drei Kinder, ein Hund, zwei Katzen«, zählt sie auf. »So ein Tag ist ganz schön voll. Aber wenn ich male, kriege ich von all dem nichts mehr mit.« Den Stift in der Hand, das Bild vor Augen – wenn es sich seinen Weg sucht in den Kopf, dann ist sie in einer eigenen, stillen Welt, in die kein Kindergeschrei dringt, kein Hundegebell, keine Frage nach dem Abendessen. Oft fährt sie hinaus, in die Natur, an die Saar, auch in die Städte. Dorthin, wo die Motive schon auf sie warten. Sie drängen sich ihr geradezu auf. *Urban Sketching*, das sind Momentaufnahmen, gemalte Schnappschüsse. Auch ungenau, unvollständig – sie erzählen eine kleine Geschichte. Es gibt ein paar Regeln: Vor Ort sein, draußen malen, das Motiv vor Augen – nicht im Atelier. »Ich male nie aus dem Kopf.« Schnell sein, den Moment festhalten – Bilder wie Einträge im Tagebuch, Skizzen aus der Erinnerung: Was war wo, wie hat es gerochen, welche Stimmung lag über der Szene? Papier und Stift hat sie immer dabei.

Einmal malt sie im Auto an der Ampel, in den Momenten zwischen Rot und Grün. Der Lastwagen vor ihr, sein Farbenspiel vor dem Häusergrau – da ist das Motiv. Der Stift fliegt übers Papier, ihr Blick geht hin und her zwischen Zeichenblock und Windschutzscheibe. Die Zeit dehnt sich in der kleinen Ewigkeit der Ampelschaltung. Dann springt das Rotlicht um auf Grün, der Lastwagen vor ihr rollt an – das Motiv löst sich auf. Doch die Skizze ist fertig. Später, zu Hause, bekommt sie noch Farben.

Ursprünglich kommt Manuela aus der Nähe von Hamburg. »Den Hafen vermisse ich … aber ich genieße die Nähe zu Frankreich. Und die Menschen hier leben langsamer.« Sie schweigt. Blickt aufs Wasser. Langsam, unmerklich, wie die Zeit an ihren Ufern, fließt die Saar in ihrem gemachten Bett. Ein Kormoran gleitet über die Wasserfläche, schwingt sich hinauf in seinen Schlafbaum. Das Schweigen dehnt sich. Der Augenblick verweilt noch einen Augenblick. Sie malt ihn.

Der Anwalt des Waldes
Tobias und die Bäume an der Saar

Der Mann mit der Säge kommt morgens um acht. Blasser Nebel liegt über der Saar und dämpft die Geräusche des Waldes. Träge schwappt das Wasser gegen die Böschung. Noch ist kein Spaziergänger unterwegs, hier auf dem Wanderweg weit oben am Scheitelpunkt der Saarschleife. Kurze Zeit darauf wird es laut am Ufer. In das Brummen schwerer Diesel mischt sich das Brüllen der Kettensäge. Augenblicke später kommt Bewegung in die Baumkronen. Eine Eiche neigt sich, ihre Äste streifen rauschend durch die ihrer Nachbarbäume, mit dem Krachen von reißendem Holz kippt sie dem Fluss entgegen. Das Bersten der Äste dämpft ihren Aufprall auf den Weg. Ein Moment der Stille folgt dem gefallenen Baum, dann heult die Motorsäge erneut, eine zweite Eiche kommt in Bewegung und fällt, dann eine gewaltige Buche.

Der Mann mit der Säge tritt aus dem Wald. Einige Male noch lässt er den Motor aufheulen, kappt mit schnellen Schnitten die Äste der Bäume, die quer über den Weg liegen. Der Bagger kommt heran, zieht die Stämme an den Wegesrand und schiebt das Grün in die Böschung.

»Verkehrssicherungshieb«, sagt Tobias in die Stille, als Säge und Bagger kurz verstummen. Er fährt mit der Hand über den Schnitt, der quer durch den Stamm geht. Die Buche ist hohl. Ein Pilz hat den Baum vor Jahren befallen und sich langsam von innen nach außen gefressen. Irgendwann, in irgendeinem Sturm oder kurz danach, wäre der Baum von selbst umgebrochen. Tobias zündet sich eine Zigarette an. »Da hat jetzt niemand was davon. Forstwirtschaftlich ungünstiger Standort, das hier.« Für die Bau- oder Möbelindustrie taugt das Holz nicht; es aus dem Wald zu ziehen, wäre zu großer Aufwand. Später wird der Waldbesitzer die Bäume so verkaufen, wie sie da am Wegesrand liegen – an Leute aus der Gegend, die einen Ofen haben und eine Kettensäge.

Der Förster blickt den felsigen Hang hinauf in den Wald. Auf der einen Seite der Steilhang, auf der anderen die Saar – dazwischen verläuft der Uferweg. Beim Ausbau des Flusses zur Wasserstraße wurde der alte Treidelpfad neu angelegt, jetzt dient er als Wirtschaftsweg. Auch Radler umrunden auf ihm die Saarschleife, Wanderer beginnen von hier aus den Aufstieg zur Burg Montclair auf dem Bergrücken.

»Es ist schon paradox«, sagt der Förster. »Die Leute gehen in den Wald, suchen Erholung und wünschen sich unberührte Natur. Und zugleich erwarten sie absolute Sicherheit.« Wenn ein Ast abbricht und einen Spaziergänger auf einem offiziell markierten Wanderweg verletzt, kann das ein langes Nachspiel haben mit Versicherungen, Rechtsanwälten und Gerichten. Die verschiedenen Ansprüche ziehen ihre Schneisen mitten durch Tobias' Arbeitsplatz: »Der Waldbesitzer will jeden Baum bis zur Schlagreife erhalten. Der Umweltschützer will ihn niemals fällen. Der Tourist will gefahrlos die Natur genießen. Und die Verwaltung muss die Wege freihalten und sieht in jedem Baum ein mögliches Risiko.«

Und was will der Förster? »Ich bin nicht die Verwaltung oder der Waldbesitzer oder der Tourist«, sagt Tobias. »Ich vertrete den Wald selbst.« Denn längst haben die verschiedensten gesellschaftlichen Gruppen entdeckt, dass sich der Wald auch emotional bewirtschaften lässt. Politik und Wirtschaft sehen in ihm wahlweise wertvollen Kohlendioxid-Speicher oder nutzlosen Abraum, an Volkshochschulen boomen Kurse im ›Waldbaden‹, Umweltschützer ketten sich an Bäume und protestieren gegen den Kohlebergbau, Förster schreiben Bestseller über die Seele des Waldes. – »Solche Interessen sind oft einseitig und extrem, und das kann dem Wald arg zusetzen.« Tobias schüttelt den Kopf. »Ein Baum will nicht das eine oder andere. Ein Baum steht da, wo er es geschafft hat, groß zu werden, und er kann nur eins: Wachsen. Nur die Menschen haben ihre Pläne. Und so, wie sich die Gesellschaft wandelt, so wandelt sich auch der Wald.«

Tobias greift in seinen Rucksack und holt eine Thermoskanne heraus. Er schraubt sie auf und gießt Tee in den Becher. »Als Förster denken wir in Generationen. Die kleinste Planungsgröße, die wir überhaupt kennen, ist die Dekade.« Zehn Jahre – für den Wald ist das nur ein Augenblick. Achtzig bis neunzig Jahre, zwei menschliche Generationen, so lange brauchen die am schnellsten wachsenden Bäume im Wald, bis sie schlagreif sind: Douglasie und Fichte. Die Buche nimmt sich doppelt so viel Zeit, die Eiche noch einmal das Doppelte. Acht Generationen von Förstern sieht sie kommen und gehen. Eine schlagreife Eiche wurde gepflanzt, als Johann Sebastian Bach Musik komponierte, die wir heute ›unsterblich‹ nennen. Etwas weiter den Berg hinauf, am Südhang der Saarschleife, steht eine Eiche, die noch einmal deutlich älter ist: 1487, fünf Jahre vor der Entdeckung Amerikas, wird sie in alten Urkunden bereits als ›Große Eiche‹ verzeichnet. Sie gilt als der älteste Baum des Saarlandes.

»Ja – der Wald ist größer als wir«, sagt Tobias. »Er ist ein riesiger genetischer Pool. Ein komplexes Ökosystem mit Tausenden von Arten. Er reinigt Wasser und Luft, er erzeugt

Sauerstoff. Für den Menschen ist er wertvoll: fürs Holz, für die Jagd, für die Erholung. Aber die Menschen verstehen ihn nicht.« Er nimmt einen Schluck aus dem Becher, dann grinst er schief: »Und den Förster verstehen sie meistens auch nicht.«

Am Ufer wirft der Mann die Säge wieder an. Er erklimmt die Böschung und verschwindet im Unterholz. Fünfmal heult es auf im Dickicht, fünfmal rauscht es in den Bäumen, dann liegen sie quer über dem Weg, die Kronen im Wasser: fünf schmale, dürre Fichten. – Zugang zur Saar musste man haben, wenn man früher Holz machen wollte, hatte Marie-Alix uns gesagt, oben am Donon. Hier unten an der Saarschleife geht diese Rechnung nicht mehr auf. »Noch keine dreißig Jahre alt. Lange nicht schlagreif.« Tobias blickt auf die dürren Bäume und zieht die Augenbrauen hoch. »Die kann niemand wirtschaftlich nutzen. Aber was soll ich machen? Alles, was den Weg gefährdet, wird gefällt.« Dann rechnet er vor: Selbst wenn sie die fünf Bäume mit dem Bagger den ganzen Uferweg entlangschleppen würden, bis zur Straße – mit den paar Stämmen von heute wäre ein Holztransporter nicht mal zu einem Fünftel beladen. »Da zahlen wir Mindermengenzuschläge, erst für den Transport und dann nochmal im Sägewerk.« Holz ist längst ein Massenprodukt. Möglichst viele Hektar, möglichst flach, möglichst gut befahrbar mit großen Maschinen – so sieht die ideale Plantage aus. Die Saarschleife ist von all dem das Gegenteil.

Nicht einmal in den Wald hinaufziehen kann Tobias die Stämme, wo sie als Totholz Schutz böten für die Tierwelt, und wo sie über die Jahre zu neuem Waldboden vermodern würden. Der steile Hang ist auch mit kleinen Maschinen nicht befahrbar.

Vom gegenüberliegenden Ufer der Saar löst sich ein Arbeitsschiff. Es schiebt einen Prahm heran, auf dem ein Bagger steht. Dessen Motor erwacht zum Leben, der Greifer schwenkt weit aus, rauscht ins Wasser, packt zu und fischt Stämme und Geäst aus dem Fluss. Der Bagger wirft das Holz an Deck, ein Arbeiter macht sich mit der Motorsäge darüber her. Drei, vier Mal noch greift der Bagger zu, dann sind die Fichten an Bord. Ein kurzer Gruß aus dem Ruderhaus in Richtung Ufer, dann dreht das Schiff ab und fährt die Saar hinauf mit seiner Ladung Abfallholz. Ein Routineeinsatz der Wasserstraßen- und Schifffahrtsverwaltung des Bundes.

Es ist Mittag geworden. Noch immer liegt Nebel über dem Fluss. Im Wald schweigt die Säge. Der Schiffsdiesel verebbt in der Ferne. Auf dem Uferweg schraubt Tobias die Thermoskanne zu. »Ich liebe den Wald. Der schluckt jeden Ärger weg.«

Vierter Teil

Im Saartal

Von der Saarschleife in die Weinhänge

Tausend Male quer zum Strom
Matthias und die letzte Fähre auf der Saar

»Dooong...!« Der Schlag der Glocke hallt über den Fluss. Auf der anderen Seite der Saar springt ein Motor an, ein kleines Schiff löst sich vom Ufer, wendet und fährt quer zur Strömung über den Fluss. Minuten später liegt die *Welles* am Anleger.

»Wir sind im Grunde ein Stückchen Rad- und Wanderweg«, erklärt Matthias später. »Ein schwimmendes Stückchen Wanderweg.« Die Wanderkarten, die Wegweiser am Ufer, die Wander-Apps auf den Handys – sie alle planen die Überfahrt mit der Fähre fest ein. Nur wer montags wandert, der muss ein gutes Stück weiter gehen, um den Fluss zu überqueren: Bis zur Staustufe Mettlach, dort übers Wehr, dann am Uferweg entlang zurück. Denn der Montag ist Ruhetag für den Fährmann und seine *Welles*. Und auch im Winter ist Ruhe auf der Saar. Wenn die Wildgänse das Saartal verlassen und sich auf den Weg machen in den Süden, zieht es auch Matthias nach Afrika. Er macht Urlaub in Ägypten, »jeden Winter, immer wieder, das ist ein festes Ritual.« Einmal hat seine Frau ihm vorgeschlagen, er könne doch eigentlich auch dort noch ein Schiff fahren. »Aber so richtig ernst hat sie das wohl nicht gemeint«. Matthias lacht.

Der Fährmann mag feste Rituale. Bis zu achtundvierzig mal am Tag pendelt er über den Fluss, sieben Monate im Jahr, sechs Tage die Woche. Langweilig war ihm noch nie. »Es sind ja immer wieder andere Leute an Bord. Und dann meine vielen Stammgäste. Wir haben hier immer was zu erzählen. Oder?« Er wirft einen Blick hinüber zu einem Stammgast, der an der Reling sitzt. »Ja ja, du hast immer was zu erzählen«, erwidert der. »Musst nur aufpassen, dass du dich nicht verfährst.« Die beiden lachen schallend.

Sehr weit fahren darf die Fähre nicht. Genau von Saarkilometer 35,175 bis Kilometer 35,4 ist ihre Route abgesteckt. Fünf Minuten dauert die Fahrt, mehr als zwanzigtausend Fahrgäste setzt Matthias so jedes Jahr über – Wanderer, Radfahrer, Spaziergänger, Schüler. Um Ostern herum, wenn die Wandersaison beginnt, sind es auch schon mal bis zu fünfhundert am Tag. »Der Rekord war am ersten Mai 2012. Siebenhundertvierunddreißig Fahrgäste!« Matthias weiß es noch genau. Gerade zwei Monate zuvor, im März 2012, hatte er seine Prüfung abgelegt und den Dienst angetreten auf der einzigen Fähre an der Saar.

In den mehr als zehn Jahren auf dem Fluss hat er sich mit vielen Fahrgästen angefreundet. Ganze Schulklassen setzt er über, manchmal feiern Kindern ihren Geburtstag auf dem Schiff. »Mit Piratenflagge, Schatzsuche, Überfall und allem, was dazugehört«. Matthias lacht wieder. Überhaupt wird viel gelacht an Bord. Der Fährmann hat immer einen Scherz parat. »Den Sommer über kommen viele Stammgäste. Leute aus der Umgebung, die regelmäßig wandern gehen. Und wenn ich dann im Frühjahr die ersten Tage auf dem Fluss bin, mache ich mir immer so meine Gedanken: Ob wohl alle wiederkommen, die ich kenne?« Ein Winter kann lang sein in den nebligen Tälern an der Saar.

Bis zum Saarausbau tat eine Seilfähre Dienst an der Saarschleife. Als in den Achtzigerjahren die Fahrrinne ausgehoben wurde für die Güterschiffe, musste sie der Großbaustelle weichen. Erst Mitte der Neunziger, als der Tourismus wichtiger wurde an der Saar, richtete die Gemeinde Mettlach den Pendeldienst wieder ein.

Der Name des Motorschiffchens erinnert an eine tückische Flusspassage, die früher jeder Saarschiffer kannte. Schon im Jahr 1607 verzeichnet ein Bericht gefährliche Felsbrocken zwischen der ›Hohen Welles‹ und der ›Niederen Welles‹ oberhalb von Mettlach. Den Felsvorsprung, an dem der Wellesbach in die Saar fließt, und die Untiefe an dieser Stelle kennen die alten Schiffer noch. Heute sind die Felsen aus dem Weg geräumt. »Die Touristen wissen von der alten Geschichte natürlich nichts. Die begrüßen mich manchmal mit »Hallo, Herr Welles«! Matthias lacht.

»Dooong…!« – Die Glocke am anderen Ufer schlägt an. Eine Gruppe Wanderer steht am Anleger. Stiefel, Wanderschuhe, Rucksack, bunte Jacken. Matthias wirft den Motor an. »Dann wollen wir die mal abholen.« Mit neun Stundenkilometern tuckert die Fähre der Gruppe entgegen. »Eigentlich sind immer zwei Leute vorgeschrieben auf Schiffen. Auch auf so kleinen«, erzählt der Fährmann. »Aber ich kann ohne Fährjungen fahren. Wir haben schließlich High-Tech an Bord!« Er deutet in Richtung Reling und grinst. Eine kurze Stange ragt schräg über die Bordwand hinaus. Als der Anleger näher kommt, dreht Matthias am Ruder, zielt mit dem ganzen Schiff, die Stange schiebt sich hinter einen Poller – die Fähre liegt fest.

Die Wanderer steigen an Bord. »Kann man da noch handeln?«, fragt einer grinsend, der für die ganze Gruppe bezahlt. »Nee, aber wenn Sie uns hinterher schwimmen, kostet es nur die Hälfte«, grinst Matthias zurück. – »Ist übrigens tatsächlich mal passiert. Da kam eine Gruppe von elf Leuten und wollte eine Zehnerkarte lösen. Da hat sich dann einer bis auf die Boxershorts ausgezogen und ist rübergeschwommen. Das war eine Gaudi!« Er lacht schallend.

Um viertel vor sechs macht es noch einmal »Dooong…!« am Ufer. Zwei Schweizerinnen wollen übersetzen. Sie nehmen an einem Ruderkurs teil, im Club ein Stück weiter saaraufwärts, und wandern abends noch eine Runde über die Anhöhen entlang der Saarschleife. »Letzte Fahrt des Tages«, ruft Matthias ihnen zu, als er die Tür am Anleger öffnet. »Alles muss raus! Heute Kreuzfahrt für zwei Euro! Ist das bei euch in der Schweiz auch so günstig?« Die drei lachen. Die Schweizerinnen gehen an Bord, das Schiff legt ab und nimmt Kurs aufs andere Ufer. Immer kleiner wird die Fähre vor den dicht bewaldeten Steilhängen, verliert sich unter den Bäumen am Anleger, nur Matthias' Lachen schallt noch dann und wann über die stille Wasserfläche der Saar.

Ein Echo für das Saartal
Charly mit dem Alphorn

Der Ton schwebt über dem Wasser, dunkel und kraftvoll, ein urtümlicher Laut, rau und tief erfüllt er das Tal. Der Wald hält den Atem an. Der Fluss verharrt. Die Zeit gerinnt zum Klang. Und aus diesem Klang wächst ein zweiter Ton heran, höher als der erste, doch vom gleichen trockenen, holzigen Timbre, dann folgt ein weiterer, während die ersten beiden noch in der Luft stehen – eine langsame, getragene Melodie, die von den wäldernen Hängen widerhallt.

Charly setzt ab. Und holt tief Luft. »Am besten klingt das an einem trockenen, kalten Tag«, sagt er, während er das Alphorn beiseite legt. »Dann trägt die Luft den Schall weit ins Tal.« Sein halbes Leben lang schon kommt er hierher an die Saarschleife – jeden Sonntagmorgen, vom Frühjahr bis in den Herbst, solange es nicht zu nass ist oder zu kalt.

Die Musik begleitet ihn schon viel länger. Seit der Kindheit spielt er Flügelhorn. In den Achtzigerjahren trifft er dann im Allgäu eine Gruppe Alphornbläser. Der archaische Klang, der den langen Röhren entsteigt und weit durch die Voralpentäler dringt, fasziniert ihn sofort. Er kauft ein gebrauchtes Alphorn, beginnt aber bald schon selbst zu experimentieren mit verschiedenen Rohren und Materialien. Schließlich baut er sein eigenes Instrument, aus Zinkblechrohren, die er mit einer Schnur aus Bambusfasern umwickelt, in über hundert Stunden Arbeit. Charly grinst: »Ein Saarländer kann eben alles.« Fast vier Meter lang ist sein Alphorn. Durch die Arbeit daran lernt er die Physik des Instruments genau kennen: »Beim Blasen vibrieren die Lippen und versetzen die Luftsäule im Rohr in Schwingungen. Die wandern durch das Horn hindurch und treten aus dem Trichter aus – das hören wir als Ton. Und das enge Tal hier ist die ideale Verlängerung des Rohrs.« Bis zu zehn Kilometer weit trägt der Klang des Alphorns. An guten Tagen ist Charlys Musik flussaufwärts bis nach Besseringen zu hören, flussabwärts bis nach Mettlach.

Spaziergänger und Wanderer auf dem Uferweg bleiben stehen, Radler steigen ab, Kanufahrer folgen dem Klang, drehen bei und lauschen zum Ufer herüber. Der

Alphorn-Charly, wie ihn hier alle nennen, hat seine Fangemeinde. Manch einer ist jeden Sonntag hier, um ihn zu hören. »Und jedes Jahr kommt eine Gruppe Holländerinnen mit dem Boot die Saar herauf und legt hier an. Jedes Jahr wieder!« – Nur wie Charly wirklich heißt, weiß kaum jemand. »Ich habe damals in der Schule immer Charly Chaplin nachgeahmt, bis der Lehrer irgendwann sagte: »So, ab jetzt bist du der Charly.« Und dabei blieb es. Seitdem findet Charly seinen offiziellen Namen höchstens noch auf dem Rentenbescheid.

Zwei Radlerinnen steigen ab, schwere Taschen an den Gepäckträgern. Sie reisen auf dem Fernradweg, morgen wollen sie schon an den französischen Kanälen sein. Sie blicken auf das Alphorn. »Wo können wir Sie hören?«, fragt die eine. – »Mich hören? Die Frage ist eher, wo können Sie das Ding hier nicht hören!«, scherzt Charly. Er steht auf, holt Luft, legt die Lippen ans Mundstück – wieder steigt der warme, tiefe Ton aus dem langen Rohr. Er breitet sich aus über der Wasserfläche, erfüllt die Luft zwischen den steilen Berghängen, wandert um die Saarschleife herum durchs Tal. Ein paar Minuten lang spielt Charly, dann setzt er wieder ab und holt tief Luft. Das große Instrument verlangt dem Musiker einiges ab. »Ich habe im Laufe des Lebens zehn Leuten das Alphornspielen beigebracht. Und alle sind irgendwann auf weniger anstrengende Instrumente umgestiegen.« Auch Charly spielt das Alphorn immer im Wechsel mit dem Flügelhorn. »Die unterschiedlichen Frequenzen entspannen die Muskulatur«, erklärt er. Vor zwanzig Jahren hat er noch drei Stunden lang am Stück auf dem Flügelhorn geblasen. »Heute schafft die Oberlippe das nicht mehr – die leistet die gleiche Arbeit wie die Saiten bei der Gitarre«.

Vom *Ave Maria* bis zum *Gefangenenchor* aus der Oper *Nabucco* reicht Charlys Repertoire. Es sind bekannte Melodien, die er übers Wasser schickt. Bekannt, jedoch von völlig neuem Charakter in diesem einzigartigen, von der Natur geschaffenen Konzertsaal.

Der Klang des Alphorns lässt niemanden ungerührt. Manchmal fragen Leute, wo denn sein Hut stehe. »Aber das mache ich nicht. Ich spiele nicht für Geld. Ich spiele einfach für mich, und für jeden, der zuhören will.« Und wenn grad mal keiner da ist? »Dann spiele ich für die Schönheit.« – Einer der Zuhörer protestiert: »Ich bin immer da! Morgens um zehn an der Saarschleife, das ist meine Sonntagsmesse.«

Ein kleines bisschen Kreuzfahrt
Merle und Lukas auf der ›Maria Croon‹

»Da ist der Kapitän!« – Eine atemlose Kinderstimme. »Genau. Der macht jetzt ein Manöver«, kommt die Stimme des Vaters zurück. Im Steuerstand muss Lukas grinsen. Er drückt einen Knopf. Irgendwo unten im Schiff erwacht die Maschine. Der süße Geruch verbrannten Schiffsdiesels zieht übers Deck. »Schiff ahoi!«, tönt es vielstimmig unterm Sonnenverdeck hervor. Die Tische sind zur Hälfte besetzt. »Eigentlich hatten wir mit fünfzig Leuten gerechnet.« Merle kommt durch den Mittelgang, Stift und Kellnerblock in der Hand. »Aber der Bus aus der Pfalz war nicht voll. Jetzt fahren wir mit achtundzwanzig Gästen.« Sie nimmt Bestellungen auf. Apfelkuchen mit Schlagsahne ist der Klassiker auf der *Maria Croon*, dazu Kaffee, ein Radler oder Weißwein.

Im Sommer stehen ganze Busse voller Touristen an der Anlegestelle. Auf dem kurzen Laufsteg zum Schiff hält manchmal einer inne. »*Maria Croon* – ist das nicht ein Schnaps?« – »Das ist immer eine gute Gelegenheit für uns, ein bisschen Werbung zu machen für das Saarland«, erzählt Merle. *Maria Cron* mit einem ›O‹ – das ist tatsächlich ein bekannter Weinbrand. Mit Doppel-O wird daraus der Name einer saarländischen Heimatdichterin, die von 1891 bis 1983 lebte und über das bäuerlich-katholische Leben hier an der unteren Saar schrieb.

Das Fahrgastschiff nimmt Kurs auf die erste Attraktion der Tour. Am Ortsrand von Mettlach überspannt die einzige Stahlhängebrücke des Saarlands den Fluss. Achtundzwanzig Köpfe legen sich in den Nacken, als das Schiff dicht darunter hindurchfährt. Die Stahlträger scheinen zum Greifen nah. Am Heck quietscht ein Kind vergnügt. Hinter der Brücke säumen ein paar letzte Häuser das Ufer. Balkone schauen auf den Fluss hinaus. »Die wohnen auch schön da«, sagt eine Frau zu ihrem Mann. Der stellt sein Fernglas auf die Geranien scharf: »Ja-woll!« Die beiden haben den vordersten Tisch ergattert. Die Frau blättert im Reiseführer. »Guck mal, da isse!« Sie zeigt am Bug vorbei nach vorn. Ihr Mann schwenkt herum. »Ja-woll!« Er hebt das Fernglas. An den anderen Tischen greifen Männer zu großen Kameras. »Vor uns liegt die Staustufe Mettlach.« Lukas' Stimme ertönt aus den Lautsprechern. Er erklärt die Schleuse – Höhe, Breite, Wassermenge. »Jetzt, jetzt, jetzt!« Die Kinder vorne beugen sich weit über die Reling.

»Erst muss das Tor auf«, erklärt ein Vater. Ein kurzer Sirenenton – jetzt hält es die Männer mit den Fotoapparaten nicht mehr auf ihren Plätzen. Sie eilen nach vorn. Drei Frauen mit Handys und Selfie-Sticks sind schon in Position. »Lass mich auch mal!« – »Immer langsam, mir sinn ja net auf der Flucht!«, kommt es zurück in pfälzischem Dialekt. Lukas bugsiert die *Maria Croon* in die Schleusenkammer. Viel Platz bleibt nicht – als die Familie das Schiff kaufte, war es sogar zehn Zentimeter zu breit für die Schleuse. »Wir haben dann die Scheuerleisten abgenommen. Jetzt passt es«, sagt Lukas. Das Schiff rumst leicht gegen die Betonwand. »Ich hab Angst!«, raunt ein Mädchen leise. – »Du, komm da runter, auf dem Schiff wird nicht geklettert!«, entfährt es einem Vater. Er klaubt seinen Sohn vom Geländer an der Reling. An den Tischen geht es fachmännisch zu. »Der Main hat ja gar keine Schleusen, gell?« – »Nein. Aber der Neckar, der hat mehr als dreißig!« Hände tasten nach der Betonwand, an der das Schiff langsam emporsteigt.

»So, jetzt ist ein bisschen Zeit. In der Schleuse sind immer alle voll beschäftigt.« Merle macht die Runde und räumt ein paar leere Gläser von den Tischen. Zwischen Ostern und Oktober herrscht Hochbetrieb an Bord. Schulklassen aus ganz Deutschland bevölkern die *Maria Croon*. »Da sind wir ein kleiner Teil der Klassenfahrt«, erzählt Merle. »Burg Montclair, Fähre, Wanderung, *Maria Croon*«. Im Sommer kommen Urlauber aufs Schiff – und ganze Busladungen von Tagestouristen. Auch die buchen *all inclusive*: Wanderung zum Aussichtspunkt Cloef, Keramik-Erlebniszentrum, Shopping in den Outlet-Centern von Mettlach, Rundfahrt mit der *Maria Croon*. Nur im Winter fahren Lukas und Merle selbst für ein paar Wochen in Urlaub – oder, alle drei Jahre, mit dem Schiff auf die Werft. Den Rumpf streichen, ein paar Schweißarbeiten hier, Reparaturen und Renovierungen da. »Wenn du an Bord gehst, bist du alles gleichzeitig: Reiseleiter, Gastronom, Schiffsführer – und immer wieder Handwerker.« Lukas hat schon früh die klassische Ausbildung durchlaufen, vom Matrosen über den Bootsmann und Steuermann bis hin zum Schifferpatent. Fahren konnte er das Schiff da schon lange; mit sechs Jahren stand er zum ersten Mal am Ruder. Er und Merle wuchsen an Bord auf, seit die Eltern sich der Saarschifffahrt verschrieben hatten. Merle lernte nach der Schule Handelsfachwirtin, dann ging sie mit ihrem Bruder an Bord und fährt jetzt als Matrosin mit.

Die *Maria Croon* ist das dritte Schiff der Familie, und das dritte mit diesem Namen. Das erste war mit fünfundzwanzig Metern Länge bald zu klein für den Andrang an Touristen. Die Familie kaufte ein größeres Schiff. Die zweite *Maria Croon* brachte schon bis zu zweihundertfünfzig Fahrgäste pro Tour in die Saarschleife. »Das war eigentlich das perfekte Schiff.« Merle sagt es mit leichter Sehnsucht in der Stimme. 1927 am Rhein gebaut, klassische Linien und viel Holz – »und mit handgenähten Gardinen! Unsere Mutter hat tagelang an der Nähmaschine gesessen.« Bis heute hat die *Maria Croon* ein Modell ihrer Vorgängerin an Bord. »Dieses Schiff hier hat auch seine besondere Geschichte«, sagt Lukas. »Als unsere Eltern es kauften, hatte es eine voll ausgestattete Kegelbahn an Bord. Leider nicht im besten Zustand …« Die Familie renovierte das

Schiff von Grund auf und baute die Kegelbahn zum Speisesaal um. Fast vierhundert Gäste finden heute auf den drei Decks Platz.

Wo die Kreuzfahrtschiffe auf den großen Flüssen einander mit Whirlpools, Eisgrotten, Luxus-Suiten und Viersterne-Restaurants übertreffen, bleibt die Fahrt auf der Saar eine Fahrt auf der Saar. Die Maschine brummt, das Wasser rauscht, der Wind weht ums Verdeck. Die Ufer ziehen vorüber – Wasser, Wald und Fels, Fels und Wald und Wasser – es gibt wenig zu besichtigen und umso mehr zu sehen in diesem Tal, das der Fluss in Jahrmillionen um den Berg herum grub. Der Ausflug unterm Sonnendach des alten Fahrgastschiffs ist auch ein Ausflug in den bedächtigen Kaffee-und-Kuchen-Tourismus aus Omas Zeiten. Die Saar hat ihn noch nicht verlernt. »Es kommen oft Großeltern mit ihren Enkeln an Bord und zeigen ihnen, wo sie selbst schon als Kinder waren«, erzählt Merle.

Eine bis anderthalb Stunden dauert die Fahrt, und danach weiß einer alles: Vom Nikolaus in der Ufernische, von den seltenen Schwefelflechten an den Felsen, und dass die Saar hier eine Kurve von dreihundert Grad macht. Die eigentümliche Stimmung in diesem engen, millionenfach fotografierten Flusstal zieht viele in ihren Bann – ein Stück Natur, wie die Landschaftsmaler der Romantik es nicht romantischer hätten ersinnen können. Oder, wie die Leute in der Gegend gern sagen: »die schönste saarländische Flussschleife der Welt«.

Kurz vor Dreisbach wendet Lukas das Schiff. »Des war de kurze Tour, gell?«, informiert der Pfälzer unterm Sonnendeck. Und wenig später, noch bevor Lukas' Durchsage aus dem Lautsprecher kratzt, weiß jeder an Bord, was nun kommt: »Guck mal, da isse!« – »Ja-woll!« Das Fernglas schwenkt herum. Zum zweiten Mal läuft die *Maria Croon* auf die Schleuse Mettlach zu. Das Tor öffnet sich, die *Maria Croon* gleitet abwärts und kurz darauf unter der Brücke hindurch. An Bord bricht Stühlerücken und Geraschel aus. Rucksäcke werden zusammengepackt, die Reißverschlüsse der Funktionsjacken zugezogen. Mit einem Schlenker quer über den Fluss legt Lukas das Schiff vor die Abtei. Merle steht am Anleger und verabschiedet sich von den Gästen. In der Küche läuft die Spülmaschine. Das Team poliert Gläser und räumt Geschirr in die Schränke. Eine Mitarbeiterin wischt die Tische und fegt die Abschiedsstimmung aus dem Schiff. Der Tag geht zur Ruhe. Die Nachmittagssonne taucht die Abtei in Gold. Es liegt eine leichte Wehmut über diesen Ufern und seinen Mauern, über diesem altgewordenen Fluss mit seinen altgewordenen Schiffen. Morgen wird die Musik wieder spielen, der Kaffee duften, der Apfelkuchen auf Gäste warten. Lukas wird den Motor anwerfen, die *Maria Croon* wird Kurs nehmen auf ihre Schleuse, die Kameras werden klicken, und alles wird neu sein, für einen Tag.

Rote Erde, weißes Gold
Brigitte, LG und der Traum von der Saar

»Ein Lebenslauf wie meiner ist heute nicht mehr denkbar.« Er nimmt einen Schluck aus der Tasse. »Ich war noch ein Junge, ich hatte gerade mein Abitur, da sagte mein Vater: Du kannst ins Unternehmen einsteigen. Aber erst musst du vier Jahre lang Praktikum machen«. Der Junge zögert keine Sekunde. Wenig später putzt er den Boden im Lager der Mosaikfabrik. Macht Nachtschichten mit den Arbeitern in der Produktion. Packt an, wo er gebraucht wird, und durchläuft nach und nach alle Abteilungen im Familienbetrieb, dem größten Keramikhersteller an der Saar. Als er nach den vier Jahren Lehrzeit schließlich voll einsteigt, kennt er jeden Mitarbeiter im Unternehmen – und jeder kennt ihn, Luitwin Gisbert. »Das ist natürlich viel zu lang für den schnellen Alltag im Betrieb.« – ›LG‹ nennen sie ihn, den Praktikanten und Fabrikanten, den Erben, der in der eigenen Firma ganz unten anfängt. Die zwei Buchstaben werden ihm zum Namen im Laufe eines langen Lebens.

»Ich bin ein Kriegskind«, sagt er, »Jahrgang 1936. Als ich geboren wurde, musste die Hebamme mit dem Nachen übersetzen von Mettlach. Die Brücke war noch nicht gebaut.« Er schaut hinüber zum anderen Ufer der Saar. Wir sitzen auf der Terrasse des Schlosses, in dem LG geboren wurde. Alles hier gehört der Firma: die Terrasse, das Schloss, die alte Abtei am anderen Ufer, der Schornstein dahinter, die Fabriken. Sogar die Tasse in LGs Hand. Und irgendwie auch LG selbst. »Ich habe achtzig bis neunzig Prozent meines Lebens im Betrieb verbracht.« Er setzt hinzu: »Das würde ich heute anders machen.« Heute, da kein Rauch mehr aufsteigt aus dem Schornstein, einem Relikt des Industriezeitalters hoch über den Mettlacher Häuserreihen. Noch immer produziert das Unternehmen hier in Mettlach Badkeramik, doch die Öfen sind schon lange auf Gasbetrieb umgestellt.

LG ist nicht der erste in der Familie, dessen Leben sich untrennbar mit der Firma verbindet. Schon im Jahr 1748, als sein Urahn François Boch im lothringischen Audun-le-Tiche vom Eisengießen auf die Töpferei umsattelt, arbeitet der von Anfang an mit seinen Söhnen zusammen: Das Keramik-Unternehmen der Familie Boch ist geboren. Und diese Keramik ist der Werkstoff der Stunde, denn eine neue Entdeckung verspricht

große Gewinne. Lange schon erreichte damals über die Seidenstraße ein geradezu mystisches Handelsgut Europa. Die Manufakturen Chinas mit ihrer jahrhundertealten Erfahrung brannten Geschirr in strahlendem Weiß – hauchzart, durchscheinend, hart wie Glas. Und teuer. Dieses Material, von dem schon Marco Polo berichtete, hat seinen Namen nach einer Meeresmuschel, die ebenso weiß ist, fein und glasartig: Porzellan. Jahrhundertelang konnte keine europäische Werkstatt in dieser Kunst mithalten. Erst jetzt, im frühen achtzehnten Jahrhundert, gelingt den Alchemisten im sächsischen Meißen der Durchbruch. Als sie mit Erden und mit Schmelzverfahren experimentieren, auf der Suche nach einer Formel für die Herstellung von Gold, entdecken sie eher durch Zufall das Rezept für Porzellan, ein Jahr später entwickeln sie eine passende Glasur. Dieses weiße Porzellan ist das Gold der jungen europäischen Keramiker. Die wenigen Manufakturen auf dem Kontinent, die die Kunst seiner Herstellung beherrschen, halten ihre Rezepte und Verfahren streng geheim. Denn je heller, je dünner, je härter – desto teurer lässt sich das Geschirr verkaufen. So teuer, dass nur Adlige, Bischöfe und reiche Kaufleute damit ihre Häuser und Paläste ausstatten können.

Als François Boch in das vielversprechende Geschäft einsteigt, ergeben seine ersten Brennversuche eine braune Scherbe. Der Ton in der Gegend enthält zu viel Eisen. Braunes Geschirr jedoch ist nicht gefragt auf dem Markt – weiß muss es sein. Weiß wie das mystische Weiß aus dem fernen China, weiß wie das Gold der Alchemisten in Sachsen. Jahrelang experimentieren Boch und seine Söhne mit unterschiedlichen Erden, Brennzeiten und Glasuren. Schließlich bringt ein Schwiegersohn neues technisches Wissen in das junge Familienunternehmen ein: Die Kunst der Herstellung von Steingut aus Kalk. Das ist zwar nicht ganz das Gleiche wie Porzellan – aber der Kalkstein enthält kein Eisen, das Steingut ist nach dem Brennen weiß. In der nahen Umgebung verkauft sich das neue Geschirr rasant, die kleine Firma expandiert, in kürzester Zeit ist das halbe Dorf in der Werkstatt beschäftigt. Die Bochs verbessern ihre Rezeptur, strukturieren die Arbeitsschritte, bringen einfache, stilisierte Formen und Dekore heraus – eine Keramikindustrie der ersten Stunde. Sie verkaufen das Steingut als günstige Alternative zum Porzellan weit über die Gegend an der Saar hinaus.

Keine zwanzig Kilometer den Fluss hinauf, in Wallerfangen, dem damals französischen Vaudrevange, experimentiert eine andere Unternehmerfamilie nicht weniger erfolgreich mit Tonerde und Glasur. Nicolas Villeroy befeuert seine Brennöfen bereits früh mit Kohle, und er druckt seine Dekore schon in Serie, als andere Manufakturen noch von Hand malen. Statt einander Konkurrenz zu machen, tun sich die Familien Villeroy und Boch in vierter Generation zusammen. 1836 fusionieren sie ihre Werke, einige Jahre darauf verbinden sich ihre Geschichten auch privat – Eugen Boch heiratet Octavie Villeroy.

Als wiederum vier Generationen später LG im Mosaiklager den Boden schrubbt, fügt der Doppelname des Unternehmens schon seit über hundert Jahren zwei Familien, zwei Sprachen, zwei Nationen zusammen. Auch er wird diese deutsch-französische Tradition vertiefen: Noch während seiner Praktikantenjahre lernt er bei einer Feier in Nancy eine

junge Französin kennen und fährt von da an jedes freie Wochenende mit dem Auto von der deutschen Saar an die französische Mosel. »Das war eine schöne Zeit«, erinnert er sich, und lächelnd schiebt er nach: »Und ein schönes Auto.« Dass sie mit einem Mann ausgeht, der vor allem dem Unternehmen gehören wird, ist Brigitte Yseult damals schon klar. Sie stammt selbst aus einer Familie von Industriellen, die Hochöfen und Eisengießereien im lothringischen Pont-a-Mousson betreiben. Brigitte und LG heiraten und ziehen kurz darauf an die Küste. LG übernimmt die Leitung der Niederlassung in Hamburg und der Fabrik in Lübeck. Fünf Kinder bekommt das Paar im Laufe der Jahre, zehn Enkel haben sie heute. »Und für die habe ich endlich etwas mehr Zeit als für meine eigenen Kinder«, schließt er.

Ein Schiff arbeitet sich die Saar hinauf. Es liegt tief im Wasser, in den Laderäumen Berge schwarzglänzender Steinkohle. LG blickt ihm nach. »Das ist wie aus einer anderen Zeit. Wenn man das Unternehmen heute gründen würde, wäre die Saar nicht mehr der richtige Standort«, sagt er langsam. Die Kohle von einst ist längst verfeuert, Wasser gibt es auch abseits der großen Flüsse, Bahn und Lastwagen haben das Schiff weitgehend abgelöst beim Transport der Rohstoffe und Waren. »Heute produziert man da, wo die Löhne günstig sind. Aber unsere Marke ist untrennbar verbunden mit der Saar, und das ist wertvoller als andere Standortvorteile.«

Als LG und Brigitte mit ihren Kindern in den Siebzigerjahren von der Küste zurückkehren, ist an der Saarschleife das Anwesen der Familie mit dem Kapuzinerkloster St. Gangolf verwaist. Sie restaurieren den barocken, in den letzten Kriegstagen beschädigten Pavillon und bauen ihr Landhaus auf der Anhöhe über dem Fluss. Brigitte nimmt sich des verwilderten Klostergartens an. Sie pflanzt *Mirabelle de Nancy*, eine rot-orange Sorte aus ihrer Heimatstadt, und destilliert daraus einen fruchtig-herben Mirabellenbrand. »Und Pflaumenbäume für den *Quetsche*.« Unter ihrer Hand blüht St. Gangolf wieder auf, Brigitte legt eine Mischung aus Küchen- und wildem Bauerngarten an. Artischocken, Topinambur, wilder Spargel und Feigenbäume wachsen an dem sonnigen Südhang über der Saar. Zehn Hühner und zwei Hähne ziehen auf dem Anwesen ein, für das Brigitte bald einen Namen findet: »*Haus Fleurfontaine* – es ist ein Haus der Blumen und der Tiere.« Zum Mittagessen sind wir dort eingeladen.

»Wir sind alle immer halb zu Hause und halb zu Gast. Die Familie ist hier. Aber Frankreich ist immer im Herzen.« Ihr Leben lang erfüllt Brigitte verschiedene Rollen mit ganzer Energie. Während ihr Mann seine Tage im Unternehmen verbringt, hält sie die Familie zusammen zwischen Kindererziehung und politischen Empfängen, organisiert Feste und ehrt die Jubilare im Betrieb, richtet Kaffeetafeln für Mettlacher Vereine und die Feuerwehr aus. Bis heute umsorgt sie Kunden und Mitarbeiter, die im Haus über der Saar zu Gast sind. In jeder freien Minute widmet sie sich ihrem Garten zwischen Barockpavillon und Klosterkirche, schneidet Hecken zurück, pflanzt Nussbäume und setzt die Maische für den *Mirabelle* an. »Mein Beruf?« Ihre Worte kommen ohne Zögern, mit dem ihr eigenen französischen Akzent und dem selbstverständlichen Understatement der Grande Dame aus bestem Hause: »Ich bin eine Bäuerin!«

Nach dem Essen tritt LG ans Fenster: »Als Kind bin ich in der Saar geschwommen. Da kam man damals allerdings ziemlich braun wieder raus.« Die Saar war mehr Kloake als Fluss, ihr Wasser schwarz vom Kohlestaub, mit einer Ölschicht bedeckt. Schon LGs Vorfahren hatten mit dem Dreck zu kämpfen. Die Keramikherstellung braucht viel Wasser – und die Fabriken von *Villeroy & Boch* liegen weit unten am Fluss. Bei Mettlach wurde das Abwasser der gesamten Kohle- und Stahlindustrie angespült. »Heute schwimme ich nicht mehr im Fluss. Aber ich habe das Glück, in einem Haus zu wohnen, von dem aus ich ihn sehen kann.« Weiter unten am Hang liegt das Hofgut St. Gangolf. Die Kaffeetasse in LGs Hand folgt dem weiten Bogen des Flusses in den Wiesen. »Die Saar ist ein Gefühl. Meine Heimat. Und: Die Saar hätte das Herz Europas sein können!«

Als junger Mann erlebt LG die Geburt einer Idee mit, die ihrer Zeit weit vorauseilt. In den Fünfzigerjahren spült die zu Ende gehende Besatzungszeit eine alte Streitfrage wieder an Land: Was passiert mit der Saar? Zu welchem Staat soll die Region gehören – mit ihrer Kohle und ihrer Industrie? Der damalige saarländische Ministerpräsident Johannes ›Joho‹ Hoffmann und der französische Außenminister Robert Schuman denken weit über das Gezänk der Nationalstaaten um Einfluss und Rohstoffe hinaus. Die Saar soll eine eigenständige europäische Region werden, unabhängig von beiden Staaten und zugleich wirtschaftlich und politisch eng mit ihnen verflochten. Ein außerstaatliches Territorium, verwaltet von einem europäischen Kommissar, eine Modellregion mit Saarbrücken als Sitz der *Europäischen Gemeinschaft für Kohle und Stahl*.

Dieses europäische Saarstatut wird 1954 Wirklichkeit und geht in die Pariser Verträge ein. 1955 soll es mit einer Volksabstimmung endgültig in Kraft treten. Doch es kommt anders. Die Oppositionsparteien an Saar und Rhein entdecken, dass man mit alten Nationalismen Stimmung machen kann. Unter dem Schlachtruf ›Der Dicke muss weg‹ läuft ein Jahr lang eine politische Kampagne gegen Joho und seine europäische Idee. Als das Referendum kommt, haben die Parolen längst Fuß gefasst in der Bevölkerung. Über zwei Drittel der Saarländer lehnen das Saarstatut ab. Johos pro-europäische Regierung tritt zurück. Der Dicke ist weg. Und aus dem, was das Herz Europas hätte sein können, wird das kleinste Bundesland Deutschlands.

LG jedoch hat den Traum nie aufgegeben: »Die Saar will Europa. Mehr als alle anderen Bundesländer. Unsere Kinder werden mehrsprachig erzogen an den Schulen und im Elternhaus. Sprache ist die Basis für alles. Das müssen wir noch viel mehr stärken! Und dann holen wir die besten Leute aus aller Welt an die Saar – in die Wirtschaft, in die Politik, in die Kultur. Dazu müssen unsere Politiker weit über die Legislaturperiode hinausdenken. So wie wir als Unternehmerfamilie auch immer über das Jahresergebnis hinausblicken.«

Neuer Wein an alten Ufern

Anna und Stephan im steilen Hang

Die Saar war nie ›Donau so blau‹, war nie lieblicher Neckar oder romantischer Rhein – die Saar war schwarz wie die Ruhr, ein Fluss aus Kohle und Stahl, Arbeit und Industrie. Erst hier unten, wo die weißen Kilometertafeln am Ufer nur noch kleine Zahlen zeigen und wo ihr Wasser schon fast im Ruhestand ist, entdeckt sie eine neue Leidenschaft. In den Abendstunden ihrer Reise wird die Saar zur Winzerin.

Die ›wilde Saar‹ nennen sie auf dem Weingut die kleine Schleife, die der Fluss hier macht, zu eng, zu schmal, zu flach für die Großschifffahrt, die weiter oben auf dem Kanal bleibt. Knorrige Bäume und Muschelstrände säumen die Ufer, Schilf steht auf Sandbänken im Fluss. Der modrig-süße Geruch stehenden Wassers bleibt hinter der Schleuse zurück; an der wilden Saar riecht es nach Wald, nach frühem Obst und spätem Sommer.

Die Landstraße, die am Ufer entlangbummelt, trennt das Haus vom Fluss. Seit fast dreihundert Jahren steht das Weingut hier, von Ordensleuten erbaut, in ländlicher, gelassener Geometrie. Ein paar Schritte hinter dem Gutshaus strebt der Hang empor, steil wie eine Wand. In strengen Reihen, wie gekämmt, stehen die Rebstöcke, Passepartout dieses barocken Landschaftsbildes an der Saar. Und halb verfallen, wie die Gemäuer auf den Gemälden jener Zeit, war auch das Weingut für Jahrzehnte. Einer jungen Frau geht es nicht aus den Augen, wenn sie auf der Landstraße daran vorbeifährt, und es geht ihr nicht aus dem Sinn, wenn sie abends wieder zu Hause ist. Die Winzerin arbeitet auf Weingütern an der Mosel – und ist immer wieder an der Saar, zu Besuch bei einer Tante, die dort ein Weingut besitzt.

Anna erzählt ihrem Vater von dem verfallenen Gebäude mitten im Saarwein, von brachliegenden Weinbergen und davon, wie wenig Einkehrmöglichkeiten es gibt an der unteren Saar. Sie muss nicht lange reden. Ihr Vater kennt die Gegend, er stammt aus der Nähe. Sein Großvater war Architekt, und die Liebe zu alten Gebäuden hat ihn nie verlassen. 2007 kauft er das Haus, in einem Zustand zwischen Dornröschenschlaf und Einsturzgefahr, 2013 beginnen auf dem Anwesen die Bauarbeiten. Fünf Jahre lang wird es dauern, die barocke Schlichtheit des Gutshauses freizulegen und ihm moderne

Architektur zur Seite zu stellen. Aus dem ehemaligen Weingut soll ein Gästehaus im Weinberg werden, mit Zimmern und Ferienwohnungen, Café und Restaurant, Kunst und Kultur.

Noch während das Barockgebäude am Ufer der Saar nach und nach aus seinem Jahrhundertschlaf erwacht und die Leute im Dorf sich fragen, was dort vor sich geht nach all der Zeit, stößt Anna bei einem Spaziergang mit ihren Kindern auf Weinberge, die zu verkaufen sind – ein großes Glück in dem kleinen Anbaugebiet an der unteren Saar, wo vieles vererbt wird und anderes schon verwildert. Und der Traum von der Saar wird größer: Was würde besser zu gutem Essen passen als guter Wein? Anna kauft zwei Hektar, pflanzt neue Weinstöcke und zieht die alten Pflanzen zu neuem Ertrag heran.

Anna hatte Gartenbau im bayerischen Weihenstephan studiert und Weinbau in Montpellier, bevor sie ihren ersten Wein in Neuseeland herstellte. Ihren Mann Stephan lernt sie an der Hochschule kennen – der Agraringenieur stammt aus einem Gartenbaubetrieb und spezialisiert sich in seiner Doktorarbeit auf Pflanzenkrankheiten. Später macht er seine Ausbildung zum Winzermeister. Die beiden Gärtner und Winzer wissen, worauf sie sich einlassen, als sie Parzellen mit alten Rebstöcken übernehmen und auch damit beginnen, brachliegende Flächen wieder zu bestocken. Ihrem Weingut geben sie den alten Namen der Ortschaft Kanzem. *Cantzheim* soll für typische Saarweine stehen, wie früher: Vor hundert Jahren noch zählte der Saarwein zu den besten und teuersten Weinen der Welt. Nach und nach wurde das kleine Anbaugebiet vom Flaschenetikett verdrängt. Lange Zeit noch teilte sich die Saar den Ruhm mit Mosel und Ruwer, inzwischen heißt das ganze Gebiet einfach ›Mosel‹.

Dabei sind die Weine von der Saar so wenig ›Mosel‹ wie der Fluss selbst. Anna erklärt es heute ihren Gästen: »Der Wein braucht genau diesen Fluss. Die Saar hat das beste Terroir für den Riesling.« Eine Gruppe aus der Schweiz hat die Weinprobe auf Gut *Cantzheim* gebucht. Einige interessieren sich auch für die besondere Mischung aus alter und moderner Architektur. In der Vinothek macht ein Weißburgunder den Auftakt. »Unsere Weine sind als Speisenbegleiter gedacht«, erklärt Anna. »Wir wollen leichte, frische Weine mit wenig Alkohol und trotzdem voller Kraft. Zeitlose Weine.« Im ersten Jahr, das Weingut war kaum fertig, hat sie achttausend Liter ausgebaut, damals noch im Keller von befreundeten Winzern. Anna erzählt vom ›Saarburger Fuchs‹, ihrem ersten Weinberg an der Saar. Über achtzig Jahre alte Reben, dornenüberwuchert, »voller Süden und viel zu steil«. Den Hang haben sie in langer Handarbeit wieder aufgearbeitet. »Alte Reben kann man nicht ersetzen. Sie wurzeln tief und haben auch nach einem langen, trockenen Sommer noch kein gelbes Blatt«, erklärt Anna, während sie einschenkt. »Solche Weinstöcke sind wie ein altes italienisches Ehepaar, das am Abend vor dem Haus sitzt. Die Welt kann sie nicht mehr erschüttern.« Pflanze für Pflanze erwecken die jungen Winzer den Weinberg wieder zum Leben. Ihre Hingabe spricht sich herum. »Kaum hatten wir auf dem ›Fuchs‹ begonnen, fing auch unser Nachbar an, eine alte Lage wieder aufzuarbeiten.« Verwilderte, brachliegende Weinlagen gibt es hier so einige – viele Betriebe haben keinen Nachfolger. Eine Schweizerin will wissen, ob man Pflanzen

auch zu sehr verwöhnen könne durch regelmäßiges Gießen. Ein Paar am Nebentisch diskutiert schon, welcher der Weine am besten zum Fondue passt. In der Vinothek läuft noch manche Probe in die Gläser an diesem Tag.

Trotz der alten Lagen – den Klimawandel spüren sie auch auf dem Weingut. »Aber die Saar ist insgesamt gut darauf vorbereitet«, meint Stephan, der am Nachmittag aus dem Weinberg zurückkommt. Der Riesling wird spät gelesen, bis weit in den Herbst hinein reift die Rebe. Der Saarschiefer speichert die Wärme der Sonne und gibt sie am Abend noch lange an die Rebstöcke ab. Durch seinen geringen Zuckergehalt ist der Saar-Riesling lange lagerfähig und hat nur wenig Alkohol. Seit ein paar Jahren bauen die Cantzheimer Winzer auf einer kleinen Parzelle Spätburgunder an und machen daraus einen trockenen, holzigen Crémant. »Das ist definitiv kein ›Crémönchen‹ … das ist ein ausgewachsener Crémant. Einer, den man erkennt«, sagt Stephan. Eben noch haben sie sechzig Flaschen davon in Kartons gepackt für einen Gastwirt. »Vielleicht steigen wir auch mal ein in den Roten. Oder in den Rosé«, überlegt Anna.

Am Abend klingen Streichinstrumente aus dem Gewölbekeller. Ein junges Trio – und die Musiker trauen sich was: Neue Musik im alten Weingut. Ein Kammerkonzert, das sich, ähnlich wie die Rieslinge von *Cantzheim*, gegen schenkelklopfende Gemütlichkeit sperrt. Wer hierher kommt, weiß, was er sucht. – »Ohne unsere Erfahrung, auch international, hätten wir uns das alles nicht getraut.« Anna klebt einen Karton zu. Stephan und sie stehen im Lager. Vom Konzert haben die beiden noch nicht viel mitbekommen – die Zeit hat gerade so gereicht, zwischendurch einmal kurz hineinzuhören. Nach der Weinprobe sind neue Gäste angereist, die gleich vier Tage auf *Cantzheim* bleiben. »Genau das wollen wir. Dass die Leute herkommen, Ausflüge machen, die Gegend entdecken«, sagt Stephan. Und Anna ergänzt: »Die untere Saar liegt gastronomisch noch ziemlich brach. Der Wein kann Leben in die Region bringen, echte Gastgeber-Kultur.« Ein Drittel ihres Weines vertreiben die Cantzheimer mittlerweile weltweit. »Das hier«, Stephan zeigt auf die Kartonstapel, »geht direkt auf Palette und an die Importeure«. Ein weiteres Drittel verkaufen sie an den deutschen Handel und die Gastronomie, die verbleibenden Abfüllungen bieten sie ihren eigenen Kunden und Gästen an.

Um zehn Uhr sind die Kinder im Bett. Unten im Keller spielen die Musiker die dritte Zugabe. Stephan stellt die Flaschen zusammen, räumt die Küche auf – morgen früh muss alles frisch sein, wenn die Übernachtungsgäste zum Frühstück kommen. »Ja, das ist viel an manchen Tagen«, sagt Anna. »Wein, Kultur, Küche, Zimmer – alles gleichzeitig. Aber wir hoffen, dass wir damit auch einen Anstoß bringen in diese Region. Dass die Gäste hier in den Weindörfern in Zukunft nicht mehr vor verschlossenen Türen stehen.« Sie sitzt auf der Treppe vor dem Haus und blickt zum Fluss. Unweit von *Cantzheim* macht die wilde Saar einen Schlenker um eine kleine Insel herum, dann taucht sie wieder ein in ihre Wasserstraße. Leicht müde vom Wein macht sie sich auf ihren letzten Weg.

Es endet, wo alles beginnt
Die Reise der Saar

Sie hat Baumstämme geschleppt und Sägewerke angetrieben, Korn geholt und Mühlsteine gedreht, hat Schiffe getragen mit dem Schrott der ganzen Welt, hat Weiher gefüllt und Wasserstraßen, ist über Steine geglitten, durchs Gebüsch gekrochen und hat die Wiesen und Felder des Landes getränkt. Sie hat sich einfangen lassen in Rinnen und Hafenbecken; Tage und Nächte hindurch hat sie geduldig gewartet im Stillstand der Schleusenkammern. Sie hat Städten und Dörfern ihren Namen gegeben, und manchem ist sie zur Heimat geworden auf ihrem Weg: Marie-Alix im tiefen Wald. Hugo in der Einsamkeit des weiten Tals. Victoria aus dem fernen Schottland und Cyril, der die Meere bereiste. Iryna und Alexandre mit der Waldeisenbahn. Alison und Léon in ihrem Imbiss im alten Sägewerk. Danielle und Alain auf der Liebesinsel. Lydia und Tony im alten Haus, und Francine im Café am Saarkanal. Alfred, der einen Hafen baute. Roger, der das Korn mahlt im Rauschen der Zeit. Franz, Hans und Theodor mit der Pénichen-Werft. Barbara und Frank im Theaterschiff. Patrick und Max auf der *Portofino*. Manuela, die die Momente fängt. Tobias, der die Bäume hütet. Matthias auf der kleinen Fähre. Charly mit dem Alphorn. Merle und Lukas im Fahrgastschiff. Brigitte und LG, die den Traum von der Saar nie vergaßen. Anna und Stephan, die im Wein die Sonne sammeln. Und alle anderen, die an ihren Ufern leben.

Jetzt ist sie alt geworden. Die letzte Schleuse liegt weit zurück. Langsam, fast unmerklich geht ihr Strom bei Flusskilometer Null. Bis hierher hat die Saar das Wasser getragen. Das Wasser vom Donon, auf dessen Gipfel der Regen fällt, und das der namenlosen Bäche an seinen Hängen. Das Wasser aus *Sarre rouge* und *Sarre blanche*, das Wasser aus den großen Weihern und das von Blies und Prims, Nied und Rossel, und von all den anderen, die sie groß gemacht haben auf ihrem Weg.

Nun wird sie selbst eine andere groß machen, die hier schon auf sie wartet. Eine neue Reise steht bevor, zu neuen Ufern, im Bett der Mosel. Die gemeinsame Reise zu Vater Rhein – und am Ende, ganz am Ende, ins unendliche Meer, wo alles beginnt.